TEVBE İSTİĞFAR DUASI

Dîni ve dünyevi yaşantımızda yasak olan ... en çiğneyen, günah işleyen kişiler abdest alıp iki re... i duayı okuyup, yaptığı günahlar için tevbe istiğfar et...

Allah Resûlü (Sallallâhu Aleyhi ve Sellem) bir hadis-i şerîfinde:
"Günahından tevbe eden hiç günah işlememiş gibidir" buyurmaktadır.

اَسْتَغْفِرُ اللّٰهَ اَسْتَغْفِرُ اللّٰهَ اَسْتَغْفِرُ اللّٰهَ الْعَظِيمَ
الْكَرِيمَ الرَّحِيمَ الَّذِى لَا اِلٰهَ اِلَّا هُوَ الْحَىَّ الْقَيُّومَ
وَاَتُوبُ اِلَيْهِ تَوْبَةَ عَبْدٍ ظَالِمٍ لِنَفْسِهِ لَا يَمْلِكُ
لِنَفْسِهِ مَوْتًا وَلَا حَيَاةً وَلَا نُشُورًا وَاَسْأَلُهُ التَّوْبَةَ
وَالْمَغْفِرَةَ وَالْهِدَايَةَ لَنَا اِنَّهُ هُوَ التَّوَّابُ الرَّحِيمُ

Okunuşu:

Estağfirullah! Estağfirullah! Estağfirullah, el-'azîm, el-kerîm, er-rahîm ellezî lâ ilâhe illâ hüvel hayyül kayyume ve etûbü ileyhi tevbete'abdin zâlimin linefsihî lâ yemlikû linefsihi mevten ve la hayaten velâ nüşûrâ. Ve es'elühut tevbete vel mağfirete vel hidâyete lenâ innehû hüvettevvâbürrahîm.

Anlamı:

Tevbe ettim yâ Râbbi! Tevbe ettim yâ Râbbi! Tevbe ettim yâ Râbbi, el-Âzîm (çok yücesin), el-Kerîm (çok cömertsin), er-Rahîm (çok merhamet edicisin), O öyle bir Allah ki, her zaman ayakta ve ölümü olmayan bir Allah'tır, ondan başka ilâh yoktur. Allah'a tevbe ediyorum, o, öyle bir tevbe ki, nefsini ne öldürebilecek, ne de yaşatabilecek aciz ve zalim bir kulun tevbesiyle tevbe ediyorum. Ve Allah'dan tevbe, bağışlanma ve hidayet istiyorum. Çünkü O (Allah) bütün tevbeleri kabul eden çok merhametlidir.

KUR'ÂN-I KERÎM OKUMANIN FAZİLETİ

Hz. Peygamber (sav); **"Allah katında Kur'an'dan daha üstün şefaatçi yoktur. Ne peygamber, ne melek ve ne de başkaları."** buyurdu. *(Abdülmelik, Taberani)*

Hz. Peygamber (sav); **"Ümmetimin en faziletli ibadeti, Kur'an okumaktır."** buyurdu. *(Ebu Nuaym)*

Hz. Peygamber (sav); **"İlim bilgi isterseniz Kur'an'ı Kerim'i karıştırın, O'nu inceleyin. Çünkü evvelin ve ahirin ilmi ordadır."** buyurdu. *(İbn-i Mes'ud)*

Hz. Peygamber (sav); **"Gerçek şu ki Kur'an; Allah'ın (kopmaz) ipidir. Apaçık bir nurdur. Onu okuyunuz. Zira Allah Kur'an okumaya karşılık her harfine on hasene (sevap) verir."** buyurdu. *(Beyhaki)*

Hz. Peygamber (sav); **"Kur'an okuyun, zira her harfine Allah on sevap verecektir." Ben "elif, lam, mim" bir harftir dem**iyorum . Elif, **lam, mim'in her biri ayrı ayrı birer harftir."** buyurdu. *(İbn-i Mes'ud)*

Hz. Peygamber (sav); **"Hangi evde Kur'an-ı Kerim okunursa orada bolluk, bereket çoğalır, şeytanlar uzaklaşır ve melekler oraya hücum eder."** buyurdu. *(Ebu Hureyre)*

Hz. Peygamber (sav); **"Kur'an kalbî ve bedenî hastalıklarla, dünya ve ahiret hastalıkları için tam bir şifadır."** buyurdu. *(İbn-i Kayyım)*

Hz. Peygamber (sav); **"Sabah namazını müteakip Kur'an'ı açıp 100 ayet okuyan kimseye Hak Teâlâ yeryüzündeki insanların sayısı kadar sevap verir."** buyurdu. *(Amr bin Meymun)*

Hz. Peygamber (sav); **"Üç şey insanın zekâsını artırır ve balgamı yok eder; onlar da misvak kullanmak, oruç tutmak ve Kur'an-ı Kerim okumaktır."** buyurdu. *(Hz. Ali)*

Hz. Ebû Zer (ra)'den rivayete göre Rasûlullah (sav) kendisine:
Ey Ebu Zer, "Kur'an'dan bir âyet öğrenmen senin için yüz rek'at (nafile) namaz kılmandan daha hayırlıdır." buyurdu. *(İbn-i Mace-Mukaddime)*

Hz. Peygamber (sav);
“Herhangi bir cemaat bir evde toplanıp da Kur’an-ı Kerim’i okur, (aralarında muhabbet musafaha mutaala mukabele ederler)**se kalpleri sükunet bulur, rahat ederler. Allah’ın rahmeti onları kaplar, melekler onları kuşatır, Allah Teâlâ da onları kendi nezdindekiler arasında zikreder.”** buyurdu. *(Ebu Hureyre)*

KUR’ÂN-I KERÎM OKUMAYA BAŞLARKEN OKUNACAK DUA

Hz. Peygamber (sav) şöyle buyurdu:
“Her kim Kur’an-ı Kerim okumayı murat ettiğinde evvela bu duayı okuyarak başlarsa okumuş olduğu Kur’an’ın her harfine elli bin hasene verilir.” *(Müslim)*

اَللّٰهُمَّ بِالْحَقِّ اَنْزَلْتَهُ وَبِالْحَقِّ نَزَلَ * اَللّٰهُمَّ عَظِّمْ رَغْبَتِى فِيهِ
وَاجْعَلْهُ نُورًا لِبَصَرِى وَشِفَاءً لِصَدْرِى * اَللّٰهُمَّ زَيِّنْ بِهِ
لِسَانِى وَجَمِّلْ بِهِ وَجْهِى وَقَوِّ بِهِ جَسَدِى وَارْزُقْنِى تِلَاوَتَهُ
عَلَى طَاعَتِكَ اٰنَاءَ اللَّيْلِ وَاَطْرَافَ النَّهَارِ وَاحْشُرْنِى
مَعَ النَّبِىِّ صَلَّى اللّٰهُ تَعَالَى عَلَيْهِ وَسَلَّمَ وَاٰلِهِ الْاَخْيَارِ *

Bismillâhirrahmânirrahîm.

Allahümme bil hakki enzeltehu vebil hakki nezele. Allahümme azzim rağbetî fîhi vec’alhü nûren libasarî ve şifaen li sadrî. Allahümme zeyyin bihî lisânî ve cemmil bihî vechî ve kavvi bihî cesedî verzuknî tilâvetehu alâ tâ’atike âne elleyli ve etrâfen nehari vehşurnî ma’annebiyyi sallallâhu teâla aleyhi vesellem ve âlihil ahyâr.

FATİHA SÛRESİ

بِسْمِ اللّٰهِ الرَّحْمٰنِ الرَّح۪يمِ ﴿١﴾
اَلْحَمْدُ لِلّٰهِ رَبِّ الْعَالَم۪ينَۙ ﴿٢﴾
اَلرَّحْمٰنِ الرَّح۪يمِۙ ﴿٣﴾ مَالِكِ يَوْمِ
الدّ۪ينِۜ ﴿٤﴾ اِيَّاكَ نَعْبُدُ وَاِيَّاكَ نَسْتَع۪ينُۜ
﴿٥﴾ اِهْدِنَا الصِّرَاطَ الْمُسْتَق۪يمَۙ ﴿٦﴾
صِرَاطَ الَّذ۪ينَ اَنْعَمْتَ عَلَيْهِمْۙ غَيْرِ
الْمَغْضُوبِ عَلَيْهِمْ وَلَا الضَّٓالّ۪ينَ ﴿٧﴾

Okunuşu: Bismillâhirrahmânirrahîm. Elhamdü lillahi Rabbil âlemiyn. Errahmânirrahiym. Mâliki yevmiddîn. İyyâke na'büdü ve iyyâke neste'iyn. İhdinnassırâtalmüstakıym. Sırâtalleziyne en'amte aleyhim. Gayrilmağdubi aleyhim ve leddâlliyn. (Âmin.)

Manası: Rahmân ve Rahîm olan Allah'ın adıyla. Hamd, Âlemlerin Rabbi, Rahmân, Rahîm, hesap ve ceza gününün (ahiret gününün) maliki Allah'a mahsustur. (Allahım!) Yalnız sana ibadet ederiz ve yalnız senden yardım dileriz. Bizi doğru yola, kendilerine nimet verdiklerinin yoluna ilet; gazaba uğrayanlarınkine ve sapıklarınkine değil.

MAUN SÛRESİ

بِسْمِ اللّٰهِ الرَّحْمٰنِ الرَّح۪يمِ
اَرَاَيْتَ الَّذ۪ي يُكَذِّبُ بِالدّ۪ينِۜ ﴿١﴾
فَذٰلِكَ الَّذ۪ي يَدُعُّ الْيَت۪يمَۙ ﴿٢﴾ وَلَا
يَحُضُّ عَلٰى طَعَامِ الْمِسْك۪ينِۜ ﴿٣﴾
فَوَيْلٌ لِلْمُصَلّ۪ينَۙ ﴿٤﴾ اَلَّذ۪ينَ هُمْ عَنْ
صَلَاتِهِمْ سَاهُونَۙ ﴿٥﴾ اَلَّذ۪ينَ هُمْ
يُرَٓاؤُ۫نَۙ ﴿٦﴾ وَيَمْنَعُونَ الْمَاعُونَ ﴿٧﴾

Okunuşu Bismillâhirrahmânirrahîm. Eraeytelleziy yükezzibu biddiyn. Fezâlikelleziy yedu'ul yetiym. velâ yehuddu alâ taâmil miskiyn. Feveylüllil musalliyn. Elleziynehüm ansalâtihim sâhûn. Elleziynehüm yürâûne. Ve yemneûnel mâûn.

Manası: Rahmân ve Rahîm olan Allah'ın adıyla,

O dini (cezayı) yalanlayanı gördün mü? İşte yetimi iten odur. Yoksulu doyurmak için kayırmaz. Fakat, o namaz kılanların vay haline! Onlar, namazlarında yanılmaktadırlar. Onlar, gösteriş yaparlar. Ve en ufak yardıma zekâta dahi mani olurlar.

FİL SÛRESİ

بِسْمِ اللّٰهِ الرَّحْمٰنِ الرَّح۪يمِ
اَلَمْ تَرَ كَيْفَ فَعَلَ رَبُّكَ
بِاَصْحَابِ الْف۪يلِۜ ﴿١﴾ اَلَمْ يَجْعَلْ
كَيْدَهُمْ ف۪ي تَضْل۪يلٍۙ ﴿٢﴾ وَاَرْسَلَ
عَلَيْهِمْ طَيْراً اَبَاب۪يلَۙ ﴿٣﴾ تَرْم۪يهِمْ
بِحِجَارَةٍ مِنْ سِجّ۪يلٍۙ ﴿٤﴾
فَجَعَلَهُمْ كَعَصْفٍ مَأْكُولٍ ﴿٥﴾

Okunuşu: Bismillâhirrahmânirrahîm. Elem tere keyfe feale Rabbüke bi ashâbil fiyl. Elem yec'al keydehüm fiy tadliyl. Ve ersele aleyhim dayran ebâbiyl. Termiyhim bihicâratim min sicciyl. Fece'alehüm ke'asfim me'kûl.

Manası: Rahmân ve Rahîm olan Allah'ın adıyla.

Rabbinin, fil sahiplerine ne yaptığını görmedin mi? Onların tuzaklarını boşa çıkarmadı mı? Üzerlerine balçıktan pişirilmiş taşlar atan sürü sürü kuşlar gönderdi. Nihayet onları yenilmiş ekin yaprakları haline getirdi.

KEVSER SÛRESİ

بِسْمِ اللّٰهِ الرَّحْمٰنِ الرَّح۪يمِ
اِنَّٓا اَعْطَيْنَاكَ الْكَوْثَرَۜ ﴿١﴾
فَصَلِّ لِرَبِّكَ وَانْحَرْۜ ﴿٢﴾
اِنَّ شَانِئَكَ هُوَ الْاَبْتَرُ ﴿٣﴾

Okunuşu: Bismillâhirrahmânirrahîm. İnnâ âtaynâ kel kevser. Fesalli li Rabbike venhar. İnne şânieke hüvelebter.

Manası: Rahmân ve Rahîm olan Allah'ın adıyla,

Şüphesiz biz sana Kevseri verdik. O Halde, Rabbin için namaz kıl, kurban kes. Doğrusu sana buğzeden, soyu kesik olanın ta kendisidir.

KUREYŞ SÛRESİ

بِسْمِ اللّٰهِ الرَّحْمٰنِ الرَّح۪يمِ
لِا۪يلَافِ قُرَيْشٍۙ ﴿١﴾ ا۪يلَافِهِمْ
رِحْلَةَ الشِّتَٓاءِ وَالصَّيْفِۚ ﴿٢﴾
فَلْيَعْبُدُوا رَبَّ هٰذَا الْبَيْتِۙ
﴿٣﴾ اَلَّذ۪ٓي اَطْعَمَهُمْ مِنْ جُوعٍ
وَاٰمَنَهُمْ مِنْ خَوْفٍ ﴿٤﴾

Okunuşu: Bismillâhirrahmânirrahîm. Li'îlâfi Kureyş'în. İlâfihim rıhleteş'şitâi ves'sayf. Fel'yâ'bûdû Rabbehâzel Beyt. Elleziy et'amehüm mincûiv ve âmenehüm min havf.

Manası: Rahmân ve Rahîm olan Allah'ın adıyla.

Kureyş, alıştırıldığından, ısındırıldığından dolayı. Onların, yaz ve kış yolculuğuna alıştırıldığından dolayı. Hiç olmazsa onun için, bu evin Ka'be'nin Rabbine kulluk etsinler. Ki onları, açlıktan doyurdu ve onları korkudan emin kıldı.

KAFİRUN SÛRESİ

بِسْمِ اللّٰهِ الرَّحْمٰنِ الرَّح۪يمِ
قُلْ يَٓا اَيُّهَا الْكَافِرُونَۙ ﴿١﴾ لَٓا اَعْبُدُ
مَا تَعْبُدُونَۙ ﴿٢﴾ وَلَٓا اَنْتُمْ عَابِدُونَ
مَٓا اَعْبُدُۚ ﴿٣﴾ وَلَٓا اَنَا۬ عَابِدٌ مَا عَبَدْتُمْۙ
﴿٤﴾ وَلَٓا اَنْتُمْ عَابِدُونَ مَٓا اَعْبُدُۜ
﴿٥﴾ لَكُمْ د۪ينُكُمْ وَلِيَ د۪ينِ ﴿٦﴾

Okunuşu: Bismillâhirrahmânirrahîm. Kul yâ eyyühelkâfirûn. Lâ â'büdü mâ tâbüdûn. Ve lâ entüm âbidûne mâ â'büd. Ve lâ ene abîdüm mâ abettüm. Ve lâ entüm âbidûne mâ â'büd. Leküm dînüküm veliyedîn.

Manası: Rahmân ve Rahîm olan Allah'ın adıyla.

De ki: "Ey kâfirler! "Tapmam ben, o taptıklarınıza." "Siz de, benim ibadet ettiğime tapanlardan değilsiniz." "Hem ben, sizin taptıklarınıza ileride tapacak da değilim." "Siz de, benim ibadet ettiğime tapıcılardan değilsiniz." "Sizin dininiz size, benim dinim de banadır."

NASR SÛRESİ

بِسْمِ اللّٰهِ الرَّحْمٰنِ الرَّح۪يمِ

إِذَا جَٓاءَ نَصْرُ اللّٰهِ وَالْفَتْحُۙ ﴿١﴾
وَرَاَيْتَ النَّاسَ يَدْخُلُونَ ف۪ي د۪ينِ
اللّٰهِ اَفْوَاجاًۙ ﴿٢﴾ فَسَبِّحْ بِحَمْدِ رَبِّكَ
وَاسْتَغْفِرْهُۜ اِنَّهُ كَانَ تَوَّاباً ﴿٣﴾

Okunuşu:
Bismillâhirrahmânirrahîm. İzâ câe nasrullâhi vel'feth. Vera'eytennâse yedhulûne fiydinillâhi efvâcâ. Fesebbih bihamdi Rabbike vestağfirh, innehû kâne tevvabâ.

Manası:
Rahmân ve Rahîm olan Allah'ın adıyla.

Allah'ın yardımı ve fetih geldiği zaman, İnsanları. Allah'ın dinine bölük bölük girerlerken gördüğün zaman. Artık Rabbini hamd ile tesbih et ve bağışlanma dile; muhakkak ki O, tövbeleri çok kabul edendir.

FELAK SÛRESİ

بِسْمِ اللّٰهِ الرَّحْمٰنِ الرَّح۪يمِ

قُلْ اَعُوذُ بِرَبِّ الْفَلَقِۙ ﴿١﴾ مِنْ شَرِّ مَا
خَلَقَۙ ﴿٢﴾ وَمِنْ شَرِّ غَاسِقٍ اِذَا وَقَبَۙ
﴿٣﴾ وَمِنْ شَرِّ النَّفَّاثَاتِ فِي الْعُقَدِۙ
﴿٤﴾ وَمِنْ شَرِّ حَاسِدٍ اِذَا حَسَدَ ﴿٥﴾

Okunuşu:
Bismillâhirrahmânirrahîm. Kul e'uzü bi Rabbil'felak. Min şerri mâ halak. Ve min şerri gâsikın izâ ve kab. Ve min şerrin neffasâti fil'u-kad. Ve min şerri hâsidin izâ hased.

Manası:
Rahmân ve Rahîm olan Allah'ın adıyla.

De ki: "O sabahın Rabbine sığınırım." "Yarattığı şeylerin şerrinden." "Karanlığı çöküp ortalığı bastığı zaman, bir gecenin şerrinden." "Düğümlere üfleyen üfürükçülerin şerrinden." "Haset ettiği zaman, hasetçinin şerrinden.

TEBBET SÛRESİ

بِسْمِ اللّٰهِ الرَّحْمٰنِ الرَّح۪يمِ

تَبَّتْ يَدَٓا اَب۪ي لَهَبٍ وَتَبَّۜ ﴿١﴾
مَٓا اَغْنٰى عَنْهُ مَالُهُ وَمَا كَسَبَۜ ﴿٢﴾
سَيَصْلٰى نَاراً ذَاتَ لَهَبٍۚ ﴿٣﴾
وَامْرَاَتُهُۜ حَمَّالَةَ الْحَطَبِۚ ﴿٤﴾
ف۪يج۪يدِهَا حَبْلٌ مِنْ مَسَدٍ ﴿٥﴾

Okunuşu:
Bismillâhirrahmânirrahîm. Tebbet yedâ ebiy Lehebiv ve tebbe. Mâ ağnâ anhü mâlühû ve mâ keseb. Seaslâ nâran zâteleheb. Vemraetühû hammâletelhatab. Fiy ciydihâ hablüm mim mesed.

Manası:
Rahmân ve Rahîm olan Allah'ın adıyla, Yuh oldu, Ebû Leheb'in iki eline, yuh oldu kendine! Ona, ne malı fayda verdi, ne de kazandığı. O, alevli bir ateşe yaslanacak. Karısı da, odun hamalı olarak. Boynunda, bükülmüş bir ip olduğu halde.

NAS SÛRESİ

بِسْمِ اللّٰهِ الرَّحْمٰنِ الرَّح۪يمِ

قُلْ اَعُوذُ بِرَبِّ النَّاسِۙ ﴿١﴾ مَلِكِ
النَّاسِۙ ﴿٢﴾ اِلٰهِ النَّاسِۙ ﴿٣﴾ مِنْ
شَرِّ الْوَسْوَاسِ الْخَنَّاسِۙ ﴿٤﴾
اَلَّذ۪ي يُوَسْوِسُ ف۪ي صُدُورِ
النَّاسِۙ ﴿٥﴾ مِنَ الْجِنَّةِ وَالنَّاسِ ﴿٦﴾

Okunuşu:
Bismillâhirrahmânirrahîm. Kul e'ûzü bi Rabbin'nâs. Melikin'nâs. İlâhin'nâs. Min şerril vesvâsil hannâs. Ellezî yüves visü fî sudûrin'nâs. Minel cinneti ven'nâs.

Manası:
Rahmân ve Rahîm olan Allah'ın adıyla.

De ki: "İnsanların Rabbine sığınırım." "İnsanların hükümdarına," "İnsanların ilahına." "O sinsice vesvese verenin şerrinden." "Ki, insanların kalplerine vesvese verir." "Gerek cinlerden, gerekse insanlardan..."

İHLÂS SÛRESİ

بِسْمِ اللّٰهِ الرَّحْمٰنِ الرَّح۪يمِ

قُلْ هُوَ اللّٰهُ اَحَدٌۚ ﴿١﴾ اَللّٰهُ الصَّمَدُۚ
﴿٢﴾ لَمْ يَلِدْ وَلَمْ يُولَدْۙ ﴿٣﴾
وَلَمْ يَكُنْ لَهُ كُفُواً اَحَدٌ ﴿٤﴾

Okunuşu:
Bismillâhirrahmânirrahîm. Kulhüvallâhü ehad. Allâhüssamed. Lem yelid ve lem yûled. Ve lem yeküllehû küfüven ehad.

Manası:
Rahmân ve Rahîm olan Allah'ın adıyla, De ki: "O Allah, birdir." "Allah, eksiksiz bir Samed'dir Hiçbir şeye ihtiyacı yoktur; her şey O'na muhtaçtır." "Doğurmadı ve doğurulmadı." "O'na bir denk de olmadı."

KADİR SÛRESİ

بِسْمِ اللّٰهِ الرَّحْمٰنِ الرَّح۪يمِ

اِنَّٓا اَنْزَلْنَاهُ ف۪ي لَيْلَةِ الْقَدْرِۚ ﴿١﴾ وَمَٓا
اَدْرٰيكَ مَا لَيْلَةُ الْقَدْرِۜ ﴿٢﴾ لَيْلَةُ الْقَدْرِ
خَيْرٌ مِنْ اَلْفِ شَهْرٍۜ ﴿٣﴾ تَنَزَّلُ الْمَلٰٓئِكَةُ
وَالرُّوحُ ف۪يهَا بِاِذْنِ رَبِّهِمْۚ مِنْ كُلِّ اَمْرٍۙ
﴿٤﴾ سَلَامٌ هِيَ حَتّٰى مَطْلَعِ الْفَجْرِ ﴿٥﴾

Okunuşu:
Bismillâhirrahmânirrahîm. İnnâ enzelnâhu fî leyleti'l kadri vemâ edrâke mâ leyletü'l-kadr. Leyletü'l kadri hayrun min elfi şehr. Tenezzelül melâiketü ve'r-rûhu fihâ bi izni Rabihim min küli emr. Selâm hiye hattâ matla'il fecr.

Manası: Rahmân ve Rahîm olan Allah'ın adıyla, Doğrusu biz onu (Kur'an'ı) Kadir gecesinde indirdik. Kadir gecesinin ne olduğunu sana bildiren de nedir? O Kadir gecesi bin aydan hayırlıdır. Onda (o gecede) melekler ve Cebrâil, Rablerinin izniyle her bir iş için iner. O (gece) tâ şafak sökünceye kadar esenliktir, selâmettir.

ASR SÛRESİ

بِسْمِ اللّٰهِ الرَّحْمٰنِ الرَّح۪يمِ

وَالْعَصْرِۙ ﴿١﴾ اِنَّ الْاِنْسَانَ لَف۪ي
خُسْرٍۙ ﴿٢﴾ اِلَّا الَّذ۪ينَ اٰمَنُوا
وَعَمِلُوا الصَّالِحَاتِ وَتَوَاصَوْا
بِالْحَقِّ وَتَوَاصَوْا بِالصَّبْرِ ﴿٣﴾

Okunuşu:
Bismillâhirrahmânirrahîm Vel asr . İnnel insane le fi husr. İllellezine amenu ve amilus salihati ve tevasav bil hakkı ve tevasav bis sabr

AYET'EL KÜRSİ

بِسْمِ اللّٰهِ الرَّحْمٰنِ الرَّح۪يمِ

اَللّٰهُ لَٓا اِلٰهَ اِلَّا هُوَۚ اَلْحَيُّ الْقَيُّومُۚ
لَا تَأْخُذُهُ سِنَةٌ وَلَا نَوْمٌۜ لَهُ مَا
فِي السَّمٰوَاتِ وَمَا فِي الْاَرْضِۜ
مَنْ ذَا الَّذ۪ي يَشْفَعُ عِنْدَهُٓ اِلَّا
بِاِذْنِه۪ۜ يَعْلَمُ مَا بَيْنَ اَيْد۪يهِمْ وَمَا
خَلْفَهُمْۚ وَلَا يُح۪يطُونَ بِشَيْءٍ مِنْ
عِلْمِه۪ٓ اِلَّا بِمَا شَٓاءَۚ وَسِعَ كُرْسِيُّهُ
السَّمٰوَاتِ وَالْاَرْضَۚ وَلَا يَؤُ۫دُهُ
حِفْظُهُمَاۚ وَهُوَ الْعَلِيُّ الْعَظ۪يمُ ﴿٢٥٥﴾

Okunuşu: Bismillâhirrahmânirrahîm. Allâhü lâ ilâhe illâ Hüve'l-Hayyül Kayyûm, lâ te'huzühû sinetün velâ nevm, lehû mâ fissemâvâti ve mâ fil ard, men zellezî yeşfeu indehû illâ biiznih, ya'lemu mâ beyne eydîhim ve mâ halfehüm, ve lâ yuhîtûne bişey'in min ilmihî illâ bimâ şâ'e, vesia kürsiyyühüssemâvâti vel'ard, velâ yeûdühû hıfzuhümâ ve Hüvel Aliyyül Aziym.

Manası: Allah ki, başka bir ilah yok, ancak O var. O, daima diri, daima var olan, bütün varlıları ayakta tutandır. O'nu ne gaflet basar, ne de uyku. Göklerde ve yerde ne varsa hepsi O'nundur. O'nun izni olmadan huzurunda şefaat etmek kimin haddine? Onların önlerinde olanları da, arkalarında olanları da, hepsini bilir. Onlar ise, O'nun dilediği kadarından başka ilahi ilminden hiçbir şey kavrayamazlar. O'nun kürsüsü, bütün gökleri ve yeri kucaklamıştır. Her ikisini de görüp gözetmesi ona bir ağırlık vermez. O çok ulu, çok büyüktür.

SÜBHANEKE NAMAZDA OKUNAN DUALAR

سُبْحَانَكَ اللّٰهُمَّ وَبِحَمْدِكَ
وَتَبَارَكَ اسْمُكَ وَتَعَالٰى جَدُّكَ
(وَجَلَّ ثَنَاؤُكَ) وَلَٓا اِلٰهَ غَيْرُكَ

Okunuşu:
Subhâneka allâhümme vebi hamdik. Ve tebârekesmük. Ve teâlâ ceddük. (Ve celle senâük.) Vela ilâhe gayruk.

ETTEHİYYÂTÜ

اَلتَّحِيَّاتُ لِلّٰهِ وَالصَّلَوَاتُ
وَالطَّيِّبَاتُ اَلسَّلَامُ عَلَيْكَ اَيُّهَا
النَّبِيُّ وَرَحْمَةُ اللّٰهِ وَبَرَكَاتُهُ
اَلسَّلَامُ عَلَيْنَا وَعَلٰى عِبَادِ
اللّٰهِ الصَّالِح۪ينَ اَشْهَدُ اَنْ
لَٓا اِلٰهَ اِلَّا اللّٰهُ وَاَشْهَدُ اَنَّ
مُحَمَّدًا عَبْدُهُ وَرَسُولُهُ

Okunuşu:
Ettehiyyâtü'lillâhi ves'salavâtü vet'tayyibât. Esselamü aleyke eyyühennebiyyü verahmetullâhi ve berekâtüh, esselamü aleynâ ve alâ ibâdillâhis sâlihin. Eşhüdü el la ilâhe illallâh. Ve eşhüdü enne Muhammeden abdühü ve Rasûlüh.

Salâvat Duâları

ALLAHÜMME SALLİ

اَللّٰهُمَّ صَلِّ عَلٰى سَيِّدِنَا
مُحَمَّدٍ وَعَلٰى اٰلِ سَيِّدِنَا
مُحَمَّدٍ كَمَا صَلَّيْتَ عَلٰى
اِبْرَاه۪يمَ وَعَلٰى اٰلِ اِبْرَاه۪يمَ
اِنَّكَ حَم۪يدٌ مَج۪يدٌ

Okunuşu:
Allahümme salli alâ seyyidinâ Muhammed'iv ve alâ âli seyyidinâ Muhammed. Kema salleyte alâ İbrâhime ve alâ âli İbrahime inneke hamidüm Mecîd.

ALLAHÜMME BARİK

اَللّٰهُمَّ بَارِكْ عَلٰى مُحَمَّدٍ
وَعَلٰى اٰلِ مُحَمَّدٍ كَمَا بَارَكْتَ
عَلٰى اِبْرَاه۪يمَ وَعَلٰى اٰلِ
اِبْرَاه۪يمَ اِنَّكَ حَم۪يدٌ مَج۪يدٌ

Okunuşu:
Allahümme barik alâ Muhammed'iv ve alâ âl-i Muhammed. Kema barekte alâ İbrâhime ve alâ âl-i İbrahime inneke hamidüm Mecîd.

ALLAHÜMME RABBENA

اَللّٰهُمَّ رَبَّنَا اٰتِنَا فِي الدُّنْيَا حَسَنَةً
وَفِي الْاٰخِرَةِ حَسَنَةً وَقِنَا عَذَابَ
النَّارِ رَبَّنَا اغْفِرْ ل۪ي وَلِوَالِدَيَّ
وَلِلْمُؤْمِن۪ينَ يَوْمَ يَقُومُ الْحِسَابُ
بِرَحْمَتِكَ يَا اَرْحَمَ الرَّاحِم۪ينَ

Okunuşu:
Allahümme Rabbena âtina fiddünyâ hasenetev ve fil âhireti hasenetev ve kınâ azâbennâr. Rabbenağfirlî ve livâlideyye ve lil mü'minine yevme yekûmül hisab. Bi rahmetike yâ erhamerrahimin.

Kunut Duâları

ALLAHÜMME İNNÂ NES'TEÎNÜKE

اَللّٰهُمَّ اِنَّا نَسْتَع۪ينُكَ
وَنَسْتَغْفِرُكَ وَنَسْتَهْد۪يكَ
وَنُؤْمِنُ بِكَ وَنَتُوبُ اِلَيْكَ
وَنَتَوَكَّلُ عَلَيْكَ وَنُثْن۪ي عَلَيْكَ
الْخَيْرَ كُلَّهُ نَشْكُرُكَ وَلَا نَكْفُرُكَ
وَنَخْلَعُ وَنَتْرُكُ مَنْ يَفْجُرُكَ

Okunuşu:
Allahümme innâ nes'teînüke ve nestağfiruke ve nes'tehdîke ve nü'minü bike ve netûbü ileyke ve netevekkelü aleyke ve nüs'ni aleykel'hayra küllehû neş'küruke ve lâ nekfüruke ve nah'leu ve net'rukü meyyefcüruk.

ALLAHÜMME İYYÂKE NÂ'BUDÜ

اَللّٰهُمَّ اِيَّاكَ نَعْبُدُ وَلَكَ
نُصَلّ۪ي وَنَسْجُدُ وَاِلَيْكَ
نَسْعٰى وَنَحْفِدُ نَرْجُو
رَحْمَتَكَ وَنَخْشٰى عَذَابَكَ
اِنَّ عَذَابَكَ بِالْكُفَّارِ مُلْحِقٌ

Okunuşu:
Allahümme iyyâke, nâ'budü ve lekenüsallî ve nes'cüdü ve ileyke nes'â ve nahfidü narcû rahmeteke ve nah'şa azabeke inne azâbeke bilküffâri mülhık.

يس شريف

YÂSİN-İ ŞERİF SÛRESİNİN FAZİLETİ

• Malik bin Yesâr (r.a)'dan rivayet edilmiştir: Peygamber (as); *"Kur'an'ın kalbi Yasin-i Şerif'tir. Kim onu Allah rızasını talep ederek ve ahiret sevabı için okursa, Allah onun günahlarını mağfiret eder. Onu ölülerinizin üzerine okuyunuz."* buyurdu.[1]

• Ebû Hureyre (ra)'dan rivayet edilmiştir. Peygamber (sav) şöyle buyurdu:
"Kim bir gecede, Allah rızası için Yâsîn'i okursa günahları af olunur."[2]

• Enes (ra)'den rivayete dilmiştir; dedi ki; Rasûlullah (sav) buyurdu: *"Her şeyin bir kalbi vardır ve Kur'an'ın kalbi de Yâsîn'dir. Her kim Sûre-i Yasin'i okursa Allah ona bu sureyi okuması sebebiyle Kur'an'ı on kere okumuş kadar sevap ihsan eder."*[3]

• Hz. Ali (ra)'den rivayet edildiğine göre Rasûlullah (sav) kendilerine şöyle demiştir:
"Ya Ali! Yâsîn Sûresini oku, zira Yâsîn sûresinde on bereket vardır:
1- Yitiği olan okursa yitiğine kavuşur,
2- Mahkum okursa hapisten kurtulur,
3- Çıplak okursa giydirilir,
4- Onu okuyan aç doyar,
5- Bekar okursa evlendirilir,
6- Yolcu okursa yolculuğunda yardım görür,
7- Susuz okursa suya kanar,
8- Hasta okursa afiyet bulup iyileşir,
9- Korku içinde olan okursa korktuğundan emin olur,
10- Ölümcül hastanın yanında okunsa elem ve ızdırabı hafifler.

• Âişe (ra)'dan; *"Muhakkak ki Kur'ân'da bir sûre vardır. Kendisini çok okuyana şefaat eder. Dinleyen ise mağfiret olunur. O, Sûre-i Yâsîn dir.*

1- Neseî, İmam-ı Ahmed, Beyhakî

2- İmam Malik, Beyhakî, Tirmizi

3- Tirmizi, 5813

Bismillâhirrahmânirrahîm

Yâsîn (1) Velkûr'ânilhakîm (2)
İnneke leminelmürselîn (3) Alâ
sırâtın müstakîm (4) Tenziyle-
l'azizirrahîm (5) Litünzira kav-
men mâ ünzira âbâühüm fehüm
gâfilûn (6) Lekad hakkal kavlü
alâ ekserihim fehüm lâ yü'mi-
nûn (7) İnnâ ce'alnâ fî a'nâkıhim
ağlâlen fehiye ilel ezkâni fehüm
mukmehûn (8) Ve ce'alnâ min
beyni eydîhim sedden ve min
halfihim sedden feağşeynâhüm
fehüm lâ yübsırûn (9) Ve sevâ-
ün aleyhim eenzertehüm em-
lem tünzirhüm lâ yü'minûn (10)
İnnemâ tünzirü menittebeazzik-
re ve haşiyerrahmâne bilğaybi
febeşşirhü bimağfiretin ve ec-
rin kerîm (11) İnnâ nahnü nuhyil
mevtâ ve nektübü mâkaddemû
ve âsârehüm. Ve külle şey'in
ahsaynâhü fî imâmim mübîn (12)

Rahmân ve Rahîm olan Allah'ın adıyla,

1– Yâsîn.

2– Hikmetli o Kur'an'a yemin olsun ki,

3– Emin ol sen, o elçilikle gönderilen peygamberlerdensin.

4– Dosdoğru bir yol üzerindesin.

5– O güçlü ve merhametli Allah'ın indirdiği vahiy ile.

6– Babaları uyarılmamış, bu yüzden gaflet içinde kalmış bir topluluğu uyarasın, tehlikeyi haber veresin diye.

7– Andolsun ki, onların çoğuna karşı söz gerçek olmuştur; artık onlar imana gelmezler.

8– Biz onların boyunlarına, çenelerine kadar dayanan kelepçeler geçirmişiz; burunları yukarı, gözleri aşağı somurtmaktadırlar.

9– Önlerinden bir set, arkalarından bir set çekmişiz, kendilerini sarmışız; artık baksalar bile görmezler.

10– Onlar için, kendilerini ha uyarmışsın, ha uyarmamışsın farketmez; inanmazlar.

11– Sen ancak, zikre Kur'an'a uyan ve görmediği halde Rahman'a saygı besleyen kimseyi sakındırırsın. İşte onu, hem bir bağışlama ve hem de güzel bir mükafat ile müjdele!

12– Gerçekten biz, ancak biz ölüleri diriltiriz ve önden gönderdiği şeyleri ve bıraktıkları eserleri kitaba geçiririz. Zaten biz her şeyi, açık bir kütükte sayıp tesbit etmişizdir.

سُورَةُ يٰسۤ

مَكِّيَّةٌ اٰيَاتُهَا ٨٣

YÂSİN SÛRESİ

بِسْمِ اللّٰهِ الرَّحْمٰنِ الرَّح۪يمِ

يٰسۤ ﴿١﴾ وَالْقُرْاٰنِ الْحَك۪يمِۙ ﴿٢﴾ اِنَّكَ لَمِنَ الْمُرْسَل۪ينَۙ
﴿٣﴾ عَلٰى صِرَاطٍ مُسْتَق۪يمٍۜ ﴿٤﴾ تَنْز۪يلَ الْعَز۪يزِ الرَّح۪يمِۙ
﴿٥﴾ لِتُنْذِرَ قَوْمًا مَٓا اُنْذِرَ اٰبَٓاؤُ۬هُمْ فَهُمْ غَافِلُونَ ﴿٦﴾
لَقَدْ حَقَّ الْقَوْلُ عَلٰٓى اَكْثَرِهِمْ فَهُمْ لَا يُؤْمِنُونَ ﴿٧﴾
اِنَّا جَعَلْنَا ف۪ٓي اَعْنَاقِهِمْ اَغْلَالًا فَهِيَ اِلَى الْاَذْقَانِ
فَهُمْ مُقْمَحُونَ ﴿٨﴾ وَجَعَلْنَا مِنْ بَيْنِ اَيْد۪يهِمْ سَدًّا
وَمِنْ خَلْفِهِمْ سَدًّا فَاَغْشَيْنَاهُمْ فَهُمْ لَا يُبْصِرُونَ
﴿٩﴾ وَسَوَٓاءٌ عَلَيْهِمْ ءَاَنْذَرْتَهُمْ اَمْ لَمْ تُنْذِرْهُمْ لَا
يُؤْمِنُونَ ﴿١٠﴾ اِنَّمَا تُنْذِرُ مَنِ اتَّبَعَ الذِّكْرَ وَخَشِيَ
الرَّحْمٰنَ بِالْغَيْبِۚ فَبَشِّرْهُ بِمَغْفِرَةٍ وَاَجْرٍ كَر۪يمٍ
﴿١١﴾ اِنَّا نَحْنُ نُحْيِ الْمَوْتٰى وَنَكْتُبُ مَا قَدَّمُوا
وَاٰثَارَهُمْۜ وَكُلَّ شَيْءٍ اَحْصَيْنَاهُ ف۪ٓي اِمَامٍ مُب۪ينٍ ﴿١٢﴾

Vadrib lehüm meselen eshâbelkar-
yeti izcâehelmürselûn (13) İz erselnâ
ileyhimüsneyni fekezzebûhümâ fe-
'azzeznâ bisâlisin fekâlû innâ iley-
küm mürselûn (14) Kâlû mâ entüm illâ
beşerun mislünâ ve mâ enzelerrah-
mânü min şey'in in entüm illâ tekzi-
bûn (15) Kâlû rabbünâ yâ'lemü innâ
ileyküm lemurselûn (16) Ve mâ aley-
nâ illelbelâğul mübîn (17) Kâlû innâ
tetayyernâ biküm lein lem tentehû
lenercümenneküm ve leyemessen-
neküm minnâ azâbün elîm (18) Kâlû
tâirukum meaküm ein zükkirtüm
bel entüm kavmün misrifûn (19) Ve
câe min aksalmedîneti raculün ye-
s'â kâle yâ kavmittebiul mürselîn (20)
İttebiû men lâ yes'elüküm ecren ve
hüm mühtedûn (21) Ve mâliye lâ a'-
büdüllezî fetarenî ve ileyhi türceûn
(22) Eettehızü min dûnihî âliheten in
yüridnirrahmânü bidurrin lâ tuğni
annî şefâatühüm şey'en ve lâ yün-
kızûn (23) İnnî izen lefi dalâlin mübîn
(24) İnnî âmentü birabbiküm fesme-
ûn (25) Kiyled hulil cenneh kâle yâ ley-
te kavmî ya'lemûn (26) Bimâ gaferalî
rabbî ve cealenî minel mükremîn (27)

13– Onlara, o şehir halkını misal ver. Hani onlara, o gönderilen elçiler gelmişti.

14– Hani onlara o iki elçiyi göndermiş- tik de, o ikisini yalanlamışlardı. Biz de, bir üçüncüsü ile onları kuvvetlendirdik de gidip dediler ki: "Haberiniz olsun ki biz, sizlere gönderilen elçileriz."

15– Dediler ki: "Siz, bizim gibi bir insandan başka bir şey değilsiniz. Ayrıca Rahmân, hiçbir şey indirmemiştir; siz sırf yalan söylüyorsunuz!"

16– Elçiler, "Rabbimiz bilir, inanın biz gerçekten size gönderilmiş elçileriz."

17– "Bize düşen, apaçık bir tebliğden başka bir şey değil"dediler.

18– Şehir halkı"Doğrusu biz sizin yüzünüzden uğursuzluğa uğradık. Yemin ederiz ki, eğer vazgeçmezseniz, sizi hiç aldırmadan taşlarız ve muhakkak size, bizden çok acıklı bir azap dokunur!"dediler.

19– Elçiler "Sizin uğursuzluğunuz, kendinizdendir. Peki, size öğüt verilse de mi? Doğrusu siz, haddi aşmayı âdet edinmiş bir topluluksunuz!"dediler.

20– O esnada şehrin tâ öteki ucundan bir adam koşarak gelip dedi ki: "Ey hemşehrilerim, o gönderilen elçilere uyun!"

21– "Uyun, sizden hiçbir ücret istemeyen o kişilere ki, onlar doğru yola ermişlerdir."

22– "Ben, beni yaratana ne diye kulluk etmeyeyim ki? Hep döndürülüp O'na götürüleceksiniz."

23– "Ben hiç O'ndan başka tanrılar tutar mıyım? Eğer o Rahmân, bana bir zarar vermek isterse, onların şefaati bana hiçbir fayda vermez ve beni kurtaramazlar."

24– "Şüphesiz ben, o zaman açık bir sapıklık içinde olurum."

25– "Haberiniz olsun ki ben, Rabbinize iman getirdim; gelin beni dinleyin!"

26– Ona denildi ki: "Haydi gir cennete!.." Dedi ki. "Ah! Ne olurdu, kavmim bilselerdi!"

27– "Rabbimin beni bağışladığını ve beni ikram olunan kullarından yaptığını!"

وَاضْرِبْ لَهُمْ مَثَلًا اَصْحَابَ الْقَرْيَةِۢ اِذْ جَٓاءَهَا الْمُرْسَلُونَۚ
اِذْ اَرْسَلْنَٓا اِلَيْهِمُ اثْنَيْنِ فَكَذَّبُوهُمَا فَعَزَّزْنَا بِثَالِثٍ ﴿١٣﴾
فَقَالُٓوا اِنَّٓا اِلَيْكُمْ مُرْسَلُونَ ﴿١٤﴾ قَالُوا مَٓا اَنْتُمْ اِلَّا بَشَرٌ
مِثْلُنَاۙ وَمَٓا اَنْزَلَ الرَّحْمٰنُ مِنْ شَيْءٍۙ اِنْ اَنْتُمْ اِلَّا تَكْذِبُونَ
﴿١٥﴾ قَالُوا رَبُّنَا يَعْلَمُ اِنَّٓا اِلَيْكُمْ لَمُرْسَلُونَ ﴿١٦﴾ وَمَا عَلَيْنَٓا
اِلَّا الْبَلَاغُ الْمُب۪ينُ ﴿١٧﴾ قَالُٓوا اِنَّا تَطَيَّرْنَا بِكُمْۚ لَئِنْ لَمْ تَنْتَهُوا
لَنَرْجُمَنَّكُمْ وَلَيَمَسَّنَّكُمْ مِنَّا عَذَابٌ اَل۪يمٌ ﴿١٨﴾ قَالُوا طَٓائِرُكُمْ
مَعَكُمْۜ اَئِنْ ذُكِّرْتُمْۜ بَلْ اَنْتُمْ قَوْمٌ مُسْرِفُونَ ﴿١٩﴾ وَجَٓاءَ مِنْ اَقْصَا
الْمَد۪ينَةِ رَجُلٌ يَسْعٰى قَالَ يَا قَوْمِ اتَّبِعُوا الْمُرْسَل۪ينَۙ ﴿٢٠﴾
اتَّبِعُوا مَنْ لَا يَسْـَٔلُكُمْ اَجْرًا وَهُمْ مُهْتَدُونَ ﴿٢١﴾ وَمَا لِيَ لَٓا
اَعْبُدُ الَّذ۪ي فَطَرَن۪ي وَاِلَيْهِ تُرْجَعُونَ ﴿٢٢﴾ ءَاَتَّخِذُ مِنْ دُونِه۪ٓ
اٰلِهَةً اِنْ يُرِدْنِ الرَّحْمٰنُ بِضُرٍّ لَا تُغْنِ عَنّ۪ي شَفَاعَتُهُمْ شَيْـًٔا
وَلَا يُنْقِذُونِۚ ﴿٢٣﴾ اِنّ۪ٓي اِذًا لَف۪ي ضَلَالٍ مُب۪ينٍ ﴿٢٤﴾ اِنّ۪ٓي اٰمَنْتُ
بِرَبِّكُمْ فَاسْمَعُونِ ﴿٢٥﴾ ق۪يلَ ادْخُلِ الْجَنَّةَۜ قَالَ يَا لَيْتَ قَوْم۪ي
يَعْلَمُونَۙ ﴿٢٦﴾ بِمَا غَفَرَ ل۪ي رَبّ۪ي وَجَعَلَن۪ي مِنَ الْمُكْرَم۪ينَ ﴿٢٧﴾

Ve mâ enzelnâ alâ kavmihî min ba'dihi min cündin minessemâi ve mâ künnâ münzilîn (28) İn kânet illâ sayhaten vâhideten feizâ hüm hâmidûn (29) Yâ hasreten ale'l-ibâdi ma ye'tîhim min rasûlin illâ kânû bihi yestehziûn (30) Elem yerav kem ehleknâ kablehüm minel kurûni ennehüm ileyhim lâ yerciûn (31) Vein küllün lemmâ cemîün ledeynâ muhdarûn (32) Ve âyetün lehümül ardulmeytetü ahyeynâhâ ve ahracnâ minhâ habben feminhü ye'külûn (33) Vece'alnâ fiha cennâtin min nahîlin ve a'nâbin ve feccernâ fihâ minel'-uyûn (34) Liye'külû min semerihî ve mâ amilethü eydîhim efelâ yeşkürûn (35) Sübhânellezî halekal'ezvâce külléhâ mimmâ tünbitül'ardu ve min enfüsihîm ve mimmâ lâ ya'lemûn (36) Ve âyetün lehümülley'lü neslehu minhünnehâre feizâhüm muzlimûn (37) Veşşemsü tecrî limüstekarrin lehâ zâlike takdîrül'azîzil'alîm (38) Velkamere kaddernâhü menâzile hattâ âde kel'urcûnil-kadîm (39) Leşşemsü yenbeğî lehâ entüdrikel kamere ve lelleylü sâbikunnehâri ve küllün fî felekin yesbehûn (40)

28- Onun arkasından kavminin üzerine gökten bir ordu indirmedik; indirecek de değiliz.

29- O, yalnız bir sayha korkunç bir ses oldu; hemen sönüverdiler.

30- Yazıklar olsun o kullara! Kendilerine gelen her peygamberle mutlaka alay geçiyorlardı.

31- Baksalar ya, kendilerinden önce gelen nice nesilleri helak etmişiz! Onlar, artık dönüp onlara gelmiyorlar.

32- Ancak hepsi toplanıp bizim katımızda huzura getirilmişlerdir.

33- Ölü bir toprak, onlara bir delildir. Biz ona hayat verdik ve ondan taneler çıkardık da, ondan yiyip duruyorlar.

34- Ondan bahçeler yaptık; hurma bahçeleri, üzüm bağları, neler neler! İçlerinden pınarlar akıttık.

35- Mahsulünden ve kendi ellerinin yaptıklarından yesinler diye! Hâlâ şükretmeyecekler mi?

36- Yerin bitirdiklerinden, kendilerinden ve bilemeyecekleri nice şeylerden o çiftleri yaratan, her türlü noksanlıklardan münezzehtir.

37- Onlara bir delil de gecedir. Ondan gündüzü soyup çıkarırız, bir de bakarlar ki karanlığa dalmışlar.

38- Güneş de, kendisine ait bir karargahta akıp gidiyor. İşte bu, güç ve kudret sahibi, her şeyi bilen Allah'ın takdiridir.

39- Ay; ona da bir takım duraklar tayin etmişizdir; sonunda eğri hurma salkımının kurumuş eski dalı gibi olmuştur.

40- Ne güneşin aya yetişip çatması mümkündür, ne de gece gündüzü geçebilir. Her biri birer yörüngede yüzerler.

وَمَٓا اَنْزَلْنَا عَلٰى قَوْمِه۪ مِنْ بَعْدِه۪ مِنْ جُنْدٍ مِنَ السَّمَٓاءِ وَمَا
كُنَّا مُنْزِل۪ينَ ﴿٢٨﴾ اِنْ كَانَتْ اِلَّا صَيْحَةً وَاحِدَةً فَاِذَا هُمْ
خَامِدُونَ ﴿٢٩﴾ يَا حَسْرَةً عَلَى الْعِبَادِ مَا يَأْت۪يهِمْ مِنْ رَسُولٍ
اِلَّا كَانُوا بِه۪ يَسْتَهْزِؤُ۫نَ ﴿٣٠﴾ اَلَمْ يَرَوْا كَمْ اَهْلَكْنَا قَبْلَهُمْ مِنَ
الْقُرُونِ اَنَّهُمْ اِلَيْهِمْ لَا يَرْجِعُونَ ﴿٣١﴾ وَاِنْ كُلٌّ لَمَّا جَم۪يعٌ
لَدَيْنَا مُحْضَرُونَ ﴿٣٢﴾ وَاٰيَةٌ لَهُمُ الْاَرْضُ الْمَيْتَةُ اَحْيَيْنَاهَا
وَاَخْرَجْنَا مِنْهَا حَبًّا فَمِنْهُ يَأْكُلُونَ ﴿٣٣﴾ وَجَعَلْنَا ف۪يهَا جَنَّاتٍ
مِنْ نَخ۪يلٍ وَاَعْنَابٍ وَفَجَّرْنَا ف۪يهَا مِنَ الْعُيُونِ ﴿٣٤﴾ لِيَأْكُلُوا مِنْ
ثَمَرِه۪ وَمَا عَمِلَتْهُ اَيْد۪يهِمْ اَفَلَا يَشْكُرُونَ ﴿٣٥﴾ سُبْحَانَ الَّذ۪ي
خَلَقَ الْاَزْوَاجَ كُلَّهَا مِمَّا تُنْبِتُ الْاَرْضُ وَمِنْ اَنْفُسِهِمْ وَمِمَّا
لَا يَعْلَمُونَ ﴿٣٦﴾ وَاٰيَةٌ لَهُمُ الَّيْلُ نَسْلَخُ مِنْهُ النَّهَارَ فَاِذَا هُمْ
مُظْلِمُونَ ﴿٣٧﴾ وَالشَّمْسُ تَجْر۪ي لِمُسْتَقَرٍّ لَهَا ذٰلِكَ تَقْد۪يرُ
الْعَز۪يزِ الْعَل۪يمِ ﴿٣٨﴾ وَالْقَمَرَ قَدَّرْنَاهُ مَنَازِلَ حَتّٰى عَادَ
كَالْعُرْجُونِ الْقَد۪يمِ ﴿٣٩﴾ لَا الشَّمْسُ يَنْبَغ۪ي لَهَٓا اَنْ تُدْرِكَ
الْقَمَرَ وَلَا الَّيْلُ سَابِقُ النَّهَارِ وَكُلٌّ ف۪ي فَلَكٍ يَسْبَحُونَ ﴿٤٠﴾

Ve âyetün lehüm ennâ hamelnâ
zürriyyetehüm filfülkil meşhûn (41)
Ve halaknâ lehüm min mislihî mâ
yerkebûn (42) Ve in neşe' nuğrikhüm
felâ sariha lehüm ve lâ hüm yün-
kazûn (43) İllâ rahmeten minnâ ve
metâan ilâ hın (44) Ve izâ kîle lehü-
müttekû mâ beyne eydîküm ve mâ
halfeküm le'alleküm türhamûn (45)
Ve mâ te'tîhim min âyetin min âyâ-
ti rabbihim illâ kânû anhâ mu'rıdîn
(46) Ve izâ kîle lehüm enfikû mimmâ
rezekakümüllâhü kâlellezîne kefe-
rû lillezîne âmenû enut'ımü men lev
yeşâullâhü at'amehu in entüm illâ fî
dalâlin mübîn (47) Ve yekûlûne metâ
hâze'l-va'dü in küntüm sâdikîn (48)
Mâ yenzurûne illâ sayhaten vâhi-
deten te'huzühüm ve hüm yehıssı-
mûn (49) Felâ yestetî'ûne tavsıyeten
ve lâ ilâ ehlihim yerci'ûn (50) Ve nüfi-
ha fissûri feizâhüm minel'ecdâsi ilâ
rabbihim yensilûn (51) Kâlû yâ vey-
lenâ men be'asenâ min merkadinâ
hâzâ mâ ve'aderrahmânü ve sade-
kal mürselûn (52) İn kânet illâ say-
haten vâhideten feizâhüm cemî'un
ledeynâ muhdarûn (53) Felyevme lâ
tuzlemü nefsün şey'en ve lâ tüc-
zevne illâ mâ küntüm ta'melûn (54)

41– Onlara bir delil de, onların zürriyetlerini o dolu gemide taşımamızdır.

42– Kendileri için, onun gibi binecek şeyler yaratmamızdır.

43– Dilersek onları suda boğarız. O zaman onlar için ne feryat eden bulunur, ne de onlar kurtarılırlar.

44– Ancak tarafımızdan bir rahmet ve bir zamana kadar yaşatmak başka.

45– Hal böyle iken, onlara " önünüzdekini ve arkanızdakini gözetip korunun ki, rahmete layık olasınız"denildiği zaman yüz çevirirler.

46– Kendilerine Rablerinin âyetlerinden herhangi bir âyet de gelse, mutlaka ondan yüz çevirmişlerdir.

47– Onlara, "Allah'ın size rızık olarak verdiği şeylerden hayra sarf edin"denildiği zaman, o inkar edenler, iman edenler için dediler ki: "Biz hiç, Allah'ın dilediği takdirde kendilerine yiyeceklerini verebileceği kimseleri yedirir miyiz? Siz, apaçık bir sapıklık içinde değil de nesiniz?"

48– "Eğer doğru söylüyorsanız bu vaat ne zamandır?"diyorlar.

49– Başka değil, sadece tek bir sayhâyı-korkunç bir çığlığı- bekliyorlar. Bir sayhâ ki, onlar çekişip dururlarken kendilerini yakalayacaktır.

50– O zaman bir vasiyet yapmaya güç yetiremezler; âilelerine de dönemezler.

51– Derken sûra üflenmiştir; bir de ne görsünler, kabirlerinden Rablerine doğru akın ediyorlar!

52– "Eyvah başımıza gelenlere! Kim kaldırdı bizi uyuduğumuz yerden? O Rahmân'ın vaat buyurduğu işte bu imiş; demek ki o gönderilen peygamberler doğru söylemişler!"derler.

53– Başka değil, sadece bir sayhâ olmuş; derhal hepsi huzurumuzda hazır edilmişlerdir.

54– Artık bu gün, hiç kimseye haksızlık yapılmaz ve ancak yaptıklarınızın cezasını çekeceksiniz!

وَاٰيَةٌ لَهُمْ اَنَّا حَمَلْنَا ذُرِّيَّتَهُمْ فِي الْفُلْكِ الْمَشْحُونِۙ ﴿٤١﴾ وَخَلَقْنَا
لَهُمْ مِنْ مِثْلِه۪ مَا يَرْكَبُونَ ﴿٤٢﴾ وَاِنْ نَشَأْ نُغْرِقْهُمْ فَلَا صَر۪يخَ
لَهُمْ وَلَا هُمْ يُنْقَذُونَۙ ﴿٤٣﴾ اِلَّا رَحْمَةً مِنَّا وَمَتَاعًا اِلٰى ح۪ينٍ
﴿٤٤﴾ وَاِذَا ق۪يلَ لَهُمُ اتَّقُوا مَا بَيْنَ اَيْد۪يكُمْ وَمَا خَلْفَكُمْ لَعَلَّكُمْ
تُرْحَمُونَ ﴿٤٥﴾ وَمَا تَأْت۪يهِمْ مِنْ اٰيَةٍ مِنْ اٰيَاتِ رَبِّهِمْ اِلَّا كَانُوا
عَنْهَا مُعْرِض۪ينَ ﴿٤٦﴾ وَاِذَا ق۪يلَ لَهُمْ اَنْفِقُوا مِمَّا رَزَقَكُمُ اللّٰهُۙ
قَالَ الَّذ۪ينَ كَفَرُوا لِلَّذ۪ينَ اٰمَنُٓوا اَنُطْعِمُ مَنْ لَوْ يَشَٓاءُ اللّٰهُ
اَطْعَمَهُۗ اِنْ اَنْتُمْ اِلَّا ف۪ي ضَلَالٍ مُب۪ينٍ ﴿٤٧﴾ وَيَقُولُونَ مَتٰى هٰذَا
الْوَعْدُ اِنْ كُنْتُمْ صَادِق۪ينَ ﴿٤٨﴾ مَا يَنْظُرُونَ اِلَّا صَيْحَةً وَاحِدَةً
تَأْخُذُهُمْ وَهُمْ يَخِصِّمُونَ ﴿٤٩﴾ فَلَا يَسْتَط۪يعُونَ تَوْصِيَةً وَلَٓا اِلٰٓى
اَهْلِهِمْ يَرْجِعُونَࣖ ﴿٥٠﴾ وَنُفِخَ فِي الصُّورِ فَاِذَا هُمْ مِنَ الْاَجْدَاثِ
اِلٰى رَبِّهِمْ يَنْسِلُونَ ﴿٥١﴾ قَالُوا يَا وَيْلَنَا مَنْ بَعَثَنَا مِنْ مَرْقَدِنَا سكتة
هٰذَا مَا وَعَدَ الرَّحْمٰنُ وَصَدَقَ الْمُرْسَلُونَ ﴿٥٢﴾ اِنْ كَانَتْ اِلَّا
صَيْحَةً وَاحِدَةً فَاِذَا هُمْ جَم۪يعٌ لَدَيْنَا مُحْضَرُونَ ﴿٥٣﴾ فَالْيَوْمَ
لَا تُظْلَمُ نَفْسٌ شَيْـًٔا وَلَا تُجْزَوْنَ اِلَّا مَا كُنْتُمْ تَعْمَلُونَ ﴿٥٤﴾

İnne ashâbe'l cennetil yevme fî şu-
ğulin fâkihûn (55) Hüm ve ezvâcü-
hüm fî zılâlin alel'erâiki müttekiûn
(56) Lehüm fihâ fâkihetün ve lehüm
mâ yeddeûn (57) Selâmün kavlen
min rabbin rahîm (58) Vemtâzülyev-
me eyyühel mücrimûn (59) Elem
a'hed ileyküm yâ benî âdeme en
lâ ta'büdüşşeytâne innehû leküm
adüvvün mübîn (60) Ve eni'büdûnî
hâzâ sırâtun müstakîm (61) Ve le-
kad edalle minküm cibillen kesîra,
efelem tekûnû ta'kılûn (62) Hâzihî
cehennemülletî küntüm tûadûn
(63) Islevhe'l yevme bimâ küntüm
tekfürûn (64) Elyevme nahtimü alâ
efvâhihim ve tükellimünâ eydihim
ve teşhedü ercülühüm bimâ kânû
yeksibûn (65) Velev neşâü letames-
nâ alâ a'yünihim festebekussırâta
feennâ yübsırun (66) Velev neşâü
lemesahnâhüm alâ mekânetihîm
femestetâ'u mudıyyen ve lâ yerci-
ûn (67) Ve men nu'ammirhu nünek-
kishü fi'l halkı efelâ ya'kılûn (68) Ve
mâ allemnâhüşşi'ra ve mâ yenbeğî
lehû in hüve illâ zikrun ve kur'ânün
mübîn (69) Liyünzira men kâne hay-
yen ve yehıkkalkavlü alel kâfirîn (70)

55– Gerçekten o gün cennet halkı bir eğlence içinde zevklenmektedirler.

56– Kendileri ve eşleri, gölgeler içinde koltukların üzerine kurulmuşlardır.

57– Onlara orada bir meyve vardır ve onlar için arzu ettikleri her şey mevcuttur.

58– Merhamet sahibi Rabbin tarafından söylenen bir "Selâm!" var.

59– Ey suçlular! Haydi bu gün ayrılın!

60– Size, "Ey Adem oğulları, şeytana kulluk yapmayın; o size açık bir düşmandır!"diye söz vermedim mi?

61– Ve "Bana kulluk edin; çünkü doğru yol budur"diye.

62– Böyle iken andolsun ki o, içinizden bir çok nesilleri yoldan çıkardı. Ya, o zaman sizin aklınız yok muydu?

63– İşte vaat olunup durduğunuz cehennem budur.

64– Bu gün, inkar ettiğiniz için ona yaslanın bakalım!

65– O gün ağızlarını mühürleriz de, neler yaptıklarını bize elleri söyler, ayakları da şahitlik eder.

66– Eğer dileseydik, gözlerini silme kör yapardık da, yola dökülürlerdi; fakat nereden görecekler!

67– Yine eğer dileseydik, kendilerini oldukları yerde şekillerini değiştirip donduruverirdik de, ne ileri gidebilirlerdi, ne de geri dönebilirlerdi!

68– Bununla beraber kimin ömrünü uzatıyorsak, yaratılışta onu tersine çeviriyoruz. Hâlâ akıllanmayacaklar mı?

69– Biz ona şiir öğretmedik, O'na yakışmaz da. O, sadece bir öğüt ve parlak bir Kur'an'dır.

70– Hayatta olanı uyandırmak, nankörlere de o sözün azabın gerçek olması için.

اِنَّ اَصْحَابَ الْجَنَّةِ الْيَوْمَ فِي شُغُلٍ فَاكِهُونَۚ ﴿٥٥﴾ هُمْ
وَاَزْوَاجُهُمْ فِي ظِلَالٍ عَلَى الْاَرَٓائِكِ مُتَّكِؤُنَ ﴿٥٦﴾ لَهُمْ فِيهَا
فَاكِهَةٌ وَلَهُمْ مَا يَدَّعُونَۚ ﴿٥٧﴾ سَلَامٌ قَوْلًا مِنْ رَبٍّ رَحِيمٍ ﴿٥٨﴾
وَامْتَازُوا الْيَوْمَ اَيُّهَا الْمُجْرِمُونَ ﴿٥٩﴾ اَلَمْ اَعْهَدْ اِلَيْكُمْ يَا
بَنِي اٰدَمَ اَنْ لَا تَعْبُدُوا الشَّيْطَانَۚ اِنَّهُ لَكُمْ عَدُوٌّ مُبِينٌۙ ﴿٦٠﴾
وَاَنِ اعْبُدُونِي هٰذَا صِرَاطٌ مُسْتَقِيمٌ ﴿٦١﴾ وَلَقَدْ اَضَلَّ مِنْكُمْ
جِبِلًّا كَثِيرًاۜ اَفَلَمْ تَكُونُوا تَعْقِلُونَ ﴿٦٢﴾ هٰذِهِ جَهَنَّمُ الَّتِي
كُنْتُمْ تُوعَدُونَ ﴿٦٣﴾ اِصْلَوْهَا الْيَوْمَ بِمَا كُنْتُمْ تَكْفُرُونَ
﴿٦٤﴾ اَلْيَوْمَ نَخْتِمُ عَلٰى اَفْوَاهِهِمْ وَتُكَلِّمُنَٓا اَيْدِيهِمْ وَتَشْهَدُ
اَرْجُلُهُمْ بِمَا كَانُوا يَكْسِبُونَ ﴿٦٥﴾ وَلَوْ نَشَٓاءُ لَطَمَسْنَا عَلٰى
اَعْيُنِهِمْ فَاسْتَبَقُوا الصِّرَاطَ فَاَنّٰى يُبْصِرُونَ ﴿٦٦﴾ وَلَوْ نَشَٓاءُ
لَمَسَخْنَاهُمْ عَلٰى مَكَانَتِهِمْ فَمَا اسْتَطَاعُوا مُضِيًّا وَلَا
يَرْجِعُونَۧ ﴿٦٧﴾ وَمَنْ نُعَمِّرْهُ نُنَكِّسْهُ فِي الْخَلْقِۜ اَفَلَا يَعْقِلُونَ
﴿٦٨﴾ وَمَا عَلَّمْنَاهُ الشِّعْرَ وَمَا يَنْبَغِي لَهُۜ اِنْ هُوَ اِلَّا ذِكْرٌ وَقُرْاٰنٌ
مُبِينٌۙ ﴿٦٩﴾ لِيُنْذِرَ مَنْ كَانَ حَيًّا وَيَحِقَّ الْقَوْلُ عَلَى الْكَافِرِينَ ﴿٧٠﴾

Evelem yerav ennâ halâknâ lehüm mimmâ amilet eydînâ en'âmen fehüm lehâ mâlikûn (71) Ve zellelnâhâ lehüm feminhâ rakûbühüm ve minhâ ye'külûn (72) Ve lehüm fihâ menâfiu ve meşâribü efelâ yeşkürûn (73) Vettehazû min dûnillâhi âliheten leallehüm yünsarûn (74) Lâ yestetıy'ûne nasrehüm vehüm lehüm cündün muhdarûn (75) Felâ yahzünke kavlühüm innâ na'lemü mâ yüsirrûne ve mâ yu'linûn (76) Evelem yera'l insânü ennâ halâknâhü min nutfetin feizâ hüve hasîmün mübîn (77) Ve darabe lenâ meselen ve nesiye halkahû kâle men yuhyil'-ızâme vehiye ramîm (78) Kul yuhyîhellezî enşeehâ evvele merratin ve hüve bikülli halkın alîm (79) Ellezî ce'ale leküm mineşşeceri'l ahdari nâren feizâ entüm minhü tûkidûn (80) Eveleysellezî halekassemâvâti vel'arda bikâdirin alâ en yahlûka mislehüm belâ ve hüvehallakul'alîm (81) İnnemâ emrühû izâ erâde şey'en en yekûle lehû kün feyekûn (82) Fesübhânellezî biyedihî melekûtü külli şey'in ve ileyhi türceûn (83)

71- Görmüyorlar mı ki, biz onlar için kudret ellerimizin yaptıklarından bir takım hayvanlar yarattık da, onlara sahip oluyorlar.

72- Onları kendilerine itaatkar yaptık. Onlardan hem binekleri var, hem de onlardan yiyorlar.

73- Onlarda daha bir çok menfaatleri ve çeşitli içecekleri de vardır. Hâlâ şükretmeyecekler mi?

74- Tuttular, Allah'tan başka bir takım ilahlar edindiler; güya yardım olunacaklar!

75- Onların onlara yardım etmeye güçleri yetmez. Kendileri, onlar için hazırlanan askerlerdir.

76- O halde onların lakırdıları seni üzmesin; biz onların içlerini de biliriz, dışlarını da!

77- O insan, bizim kendisini bir damla meniden yarattığımızı görmedi mi? Şimdi o, geveze bir kavgacı kesildi.

78- Yaratılışını unutarak bize bir de misal fırlatıp, "Onlar çürümüş iken, o kemikleri kim diriltebilir?"dedi.

79- De ki: "Onları, ilk defa yaratan diriltir ve O, bütün yaratıkları bilendir."

80- O size, yeşil ağaçtan bir ateş yaptı da, şimdi siz ondan tutuşturup duruyorsunuz.

81- Gökleri ve yeri yaratan, onların aynısını yaratmaya kadir değil midir? Elbette-kadirdir. O, bütün mahlukatı yaratandır, her şeyi bilendir.

82- Bir şeyi murad edince O'nun emri, sadece ona "Ol" demektir; o hemen oluverir.

83-Artık tesbih edilmez mi, her şeyin hükümranlığı (kudret) elinde bulunan öyle bir Sübhân'a? Hep döndürülüp O'na götürüleceksiniz.

اَوَلَمْ يَرَوْا اَنَّا خَلَقْنَا لَهُمْ مِمَّا عَمِلَتْ اَيْدٖينَٓا اَنْعَامًا فَهُمْ
لَهَا مَالِكُونَ ﴿٧١﴾ وَذَلَّلْنَاهَا لَهُمْ فَمِنْهَا رَكُوبُهُمْ وَمِنْهَا
يَاْكُلُونَ ﴿٧٢﴾ وَلَهُمْ فٖيهَا مَنَافِعُ وَمَشَارِبُۜ اَفَلَا يَشْكُرُونَ
﴿٧٣﴾ وَاتَّخَذُوا مِنْ دُونِ اللّٰهِ اٰلِهَةً لَعَلَّهُمْ يُنْصَرُونَۜ ﴿٧٤﴾
لَا يَسْتَطٖيعُونَ نَصْرَهُمْۙ وَهُمْ لَهُمْ جُنْدٌ مُحْضَرُونَ ﴿٧٥﴾
فَلَا يَحْزُنْكَ قَوْلُهُمْۢ اِنَّا نَعْلَمُ مَا يُسِرُّونَ وَمَا يُعْلِنُونَ
﴿٧٦﴾ اَوَلَمْ يَرَ الْاِنْسَانُ اَنَّا خَلَقْنَاهُ مِنْ نُطْفَةٍ فَاِذَا هُوَ
خَصٖيمٌ مُبٖينٌ ﴿٧٧﴾ وَضَرَبَ لَنَا مَثَلًا وَنَسِيَ خَلْقَهُۜ قَالَ مَنْ
يُحْيِ الْعِظَامَ وَهِيَ رَمٖيمٌ ﴿٧٨﴾ قُلْ يُحْيٖيهَا الَّذٖٓي اَنْشَاَهَٓا
اَوَّلَ مَرَّةٍۜ وَهُوَ بِكُلِّ خَلْقٍ عَلٖيمٌۙ ﴿٧٩﴾ اَلَّذٖي جَعَلَ لَكُمْ
مِنَ الشَّجَرِ الْاَخْضَرِ نَارًا فَاِذَٓا اَنْتُمْ مِنْهُ تُوقِدُونَ ﴿٨٠﴾
اَوَلَيْسَ الَّذٖي خَلَقَ السَّمٰوَاتِ وَالْاَرْضَ بِقَادِرٍ عَلٰٓى
اَنْ يَخْلُقَ مِثْلَهُمْۜ بَلٰى وَهُوَ الْخَلَّاقُ الْعَلٖيمُ ﴿٨١﴾ اِنَّمَٓا اَمْرُهُٓ
اِذَٓا اَرَادَ شَيْـًٔا اَنْ يَقُولَ لَهُ كُنْ فَيَكُونُ ﴿٨٢﴾ فَسُبْحَانَ
الَّذٖي بِيَدِهٖ مَلَكُوتُ كُلِّ شَيْءٍ وَاِلَيْهِ تُرْجَعُونَ ﴿٨٣﴾

YÂSİN DUASI

اَللّٰهُمَّ اِنّى اَسْـأَلُكَ صَبْرًا جَمِيلاً وَ قَلْبًا سَـلِيمًا وَلِسَـانًا
ذَاكِرًا وَدُعَاءً مُسْتَجَابًا وَكِتَابًا يَمِينًا وَرِزْقًا حَلاَلاً
وَ نَعِيمًـا مُقِيمًـا وَجَنَّةً وَحَرِيرًا وَنَضْرَةً وَمَسْـرُورًا * يَا
قَاضِىَ الْحَاجَاتِ يَا مُجِيبَ الدَّعَوَاتِ يَا كَاشِفَ الضُّرِّ
وَالْبَلِيَّـاتِ يَـا عَالِـمَ السِّـرِّ وَالْخَفِيَّـاتِ اِقْـضِ حَاجَتِى
فِى هٰـذِهِ السَّـاعَةِ الْمُبَارَكَـةِ بِحُرْمَـةِ يٰسٓ وَالْقُـرْاٰنِ
الْحَكِيمِ * فَاِذَا قَضٰى اَمْرًا فَاِنَّمَا يَقُولُ لَهُ كُـنْ فَيَكُونُ
فَسُبْحَانَ الَّذِى بِيَدِهٖ مَلَكُوتُ كُلِّ شَىْءٍ وَاِلَيْهِ تُرْجَعُونَ

YÂSİN DUASI OKUNUŞU

Allâhümme innî es'elüke sabren cemîlen ve kalben selîmâ. Ve lisânen zâkirâ. Ve duâen müstecâba. Ve kitâben yemînâ. Ve rızkan halâlen ve naîmen mukîmen ve Cenneten ve harîren ve nadraten ve mesrûrâ. Yâ kadiyel-hâcât. Yâ mucibedde'avâti yâ kâşifeddurri vel beliyyât. Yâ âlimessirri velhafiyyât. İkdı hâcetî fî hâzihis-sâatil mübâreketi bi hürmeti yâsin vel kur'âni'l-hakîm, feizâ kadâ emren fe-innemâ yekûlü lehû kün feyekûn. Fesübhânellezî biyedihî melekûtü külli şey'in ve ileyhi türceûn.

MÜBİN DUASI

سُبْحَانَ الْمُنَفِّسِ عَنْ كُلِّ مَدْيُونٍ * سُبْحَانَ الْمُفَرِّجِ عَنْ كُلِّ مَحْزُونٍ * سُبْحَانَ الْعَالِمِ بِكُلِّ مَكْنُونٍ * سُبْحَانَ مُجْرِى الْمَاءِ فِى الْبِحَارِ وَ الْعُيُونِ * سُبْحَانَ مَنْ اَرَادَ شَيْئًا اَنْ يَقُولَ لَهُ كُنْ فَيَكُونُ * فَسُبْحَانَ الَّذِى بِيَدِهِ مَلَكُوتُ كُلِّ شَىْءٍ وَ اِلَيْهِ تُرْجَعُونَ * اَللّٰهُمَّ يَا مُفَرِّجَ الْهَمِّ وَ الْغَمِّ فَرِّجْ هَمَّنَا وَ غَمَّنَا بِرَحْمَتِكَ يَا اَرْحَمَ الرَّاحِمِينَ *

Okunuşu: Bismillâhirrahmânirrahîm.
Sübhanel müneffisi an külli medyûn. Sübhanel muferrici an külli mahzûn. Sübhanel âlimi bikülli meknûn. Sübhane mücrilmâe filbihâri vel'uyûn. Sübhane men erâde şey'en en yekûle lehû kün feyekûn. Fesübhânellezî biyedihî melekûtü külli şey'in ve ileyhi turce'ûn. Allahümme ya müferricel hemmi velgammi ferric hemmenâ ve gammenâ, birahmetike yâ erhamerrâhimîn.

İzah: Mübin duası, Yasin sûresindeki mübin duraklı ayetlerde okunur. Sıkıntı ve kederlerin gitmesi ve dileklerin kabul olunması için mübin ayetine gelince üç veya yedi defa okunur.

EZAN DUASI

اَللّٰهُمَّ رَبَّ هٰذِهِ الدَّعْوَةِ التَّامَّةِ وَ الصَّلَاةِ الْقَائِمَةِ اٰتِ مُحَمَّدًا الْوَسِيلَةَ وَ الْفَضِيلَةَ وَ الدَّرَجَةَ الرَّفِيعَةَ وَ ابْعَثْهُ مَقَامًا مَحْمُودًا الَّذِى وَعَدْتَهُ اِنَّكَ لَا تُخْلِفُ الْمِيعَادَ.

Ezan Duasının Okunuşu: Allâhümme rabbe hâzihî'd-da'veti't-tâmmeh va's-salâti'l-kaîmeh, âti Muhammedin il-vesîlete ve'l-fadîlete ve'd-derecete'l-refîate ve'b'ashu mekamen mahmûden ellezî vaadtehû inneke lâ tuhlifül-mîad.

Meali: "Ey Bu yüce davetin ve hazır olan namazın sahibi Allah'ım, Muhammed'e vesîle ve fazilet ver, onu, kendisine va'dettiğin yüksek makama ulaştır."

Bismillâhirrahmânirrahîm.
Tebârekellezî biyedihilmülkü ve hüve'-alâ külli şey'in kadîr (1) Ellezî halekal-mevte velhayâte liyeblüveküm eyyüküm ahsenü 'amelen ve hüvel azıyzülğafûr (2) Ellezî haleka seb'a semâvâtin tıbâkan mâ tera fî halkırrahmani min tefâvüti ferci'ılbasare hel terâ min fütûr (3) Sümmerci'ılbasare kerreteyni yenkalib ileykelbasarü hâsien ve hüve hasîr (4) Ve lekad zeyyennessemâeddünyâ bimesâbîha ve ce'alnâhâ rücûmen lişşeyâtıyni ve a'tedna lehüm 'azabesse'ıyr (5) Ve lilleziyne keferû birabbihim 'azâbü cehenneme ve bi'selmasıyr (6) İza ülkû fiyhâ semi'u lehâ şehiykan ve hiye tefûr (7) Tekâdü temeyyezü minelğayzı küllemâ ülkıye fiyhâ fevcün seelehüm hazenetühâ elem ye'tiküm nezîr (8) Kâlû belâ kad câ'enâ neziyrün fekezzebnâ ve kulnâ mâ nezzelellahü min şe'in in entüm illâ fiy dalâlin kebîr (9) Ve kâlü lev künnâ nesme'u ev na'kılü mâkünnâ fiy ashâbisse'ıyr (10) Fâ'terefu bizenbihim fesuhkan liashâbisse'ıyr (11) İnnelleziyne yahşevne rabbehüm bilğaybi lehüm mağfiretün ve ecrün kebîr (12) Ve esirrû kavleküm evicherû bihî innehu 'aliymün bizatissudûr (13) Elâ ya'lemü men haleka ve hüvellatıflülhabîr (14)

Rahmân ve Rahîm olan Allah'ın adıyla, 1- Mülk elinde olan -Allah- ne yücedir ve O, her şeye kadirdir. 2- Sizi imtihana çekip, hanginizin daha güzel davranışta bulunduğunu bildirmek için ölümü ve dirilişi yaratan O'dur. O, çok güçlüdür, çok bağışlayıcıdır. 3- Yedi göğü birbirine uygun bir şekilde yaratan O'dur. O Rahmân'ın yarattığında hiçbir nizamsızlık göremezsin. Haydi, çevir gözünü; görebilir misin hiçbir çatlak ve kusur? 4- Sonra gözünü tekrar tekrar yine çevir; o göz, yorgun bir halde, zelil ve hakir olarak sana döner. 5- Andolsun ki biz o dünya semasını, takım takım kandillerle donattık ve onları, şeytanlar için atılacak şeyler yaptık. Bir de, onlar için o çılgın ateş azabını hazırladık. 6- Kendi Rablerini inkar edenler için de cehennem azabı vardır. Ona gidiş, ne kötü bir sondur. 7- İçine atıldıkları zaman, onun feveran eden hıçkırışını işitirler. 8- Hemen, hemen öfkeden patlayacak gibi bir hale gelir. İçine her defasında bir topluluk atıldıkça onun bekçileri kendilerine; "Sizi uyarıcı bir peygamber gelmedi mi?" diye sorarlar. 9- Derler ki: "Evet, doğrusu bize uyarıcı bir peygamber geldi. Fakat biz, ona inanmadık ve 'Allah hiçbir şey indirmedi. Siz büyük bir sapıklık içindesiniz' diye yalanladık." 10- "Biz, kulak verip dinleseydik veya aklımızı kullansaydık, bu azgın ateşin içinde bulunmazdık"derler. 11- İşte günahlarını itiraf ettiler. O halde kahrolsun, o azgın ateş sahipleri! 12- Rablerini görmedikleri halde saygı besleyenler yok mu, muhakkak ki bağışlanma ve büyük bir mükafat onlar içindir. 13- Sözünüzü ister gizleyin, ister açığa vurun. Çünkü O, bütün kalplerin sırrını bilir. 14- Bilmez mi O yaratan ki, O bütün kalplerdeki düşünceleri bilendir, her şeyden haberdardır.

مَكِّيَّةٌ سُورَةُ الْمُلْكِ اٰيَاتُهَا ٣٠

MÜLK (TEBAREKE) SÛRESİ

بِسْمِ اللّٰهِ الرَّحْمٰنِ الرَّحٖيمِ

تَبَارَكَ الَّذٖى بِيَدِهِ الْمُلْكُ وَهُوَ عَلٰى كُلِّ شَىْءٍ قَدٖيرٌ ۝١ اَلَّذٖى خَلَقَ الْمَوْتَ
وَالْحَيٰوةَ لِيَبْلُوَكُمْ اَيُّكُمْ اَحْسَنُ عَمَلًا وَهُوَ الْعَزٖيزُ الْغَفُورُ ۝٢ اَلَّذٖى خَلَقَ
سَبْعَ سَمٰوَاتٍ طِبَاقًا مَا تَرٰى فٖى خَلْقِ الرَّحْمٰنِ مِنْ تَفَاوُتٍ فَارْجِعِ الْبَصَرَ هَلْ
تَرٰى مِنْ فُطُورٍ ۝٣ ثُمَّ ارْجِعِ الْبَصَرَ كَرَّتَيْنِ يَنْقَلِبْ اِلَيْكَ الْبَصَرُ خَاسِئًا
وَهُوَ حَسٖيرٌ ۝٤ وَلَقَدْ زَيَّنَّا السَّمَاۤءَ الدُّنْيَا بِمَصَابٖيحَ وَجَعَلْنَاهَا رُجُومًا
لِلشَّيَاطٖينِ وَاَعْتَدْنَا لَهُمْ عَذَابَ السَّعٖيرِ ۝٥ وَلِلَّذٖينَ كَفَرُوا بِرَبِّهِمْ عَذَابُ
جَهَنَّمَ وَبِئْسَ الْمَصٖيرُ ۝٦ اِذَاۤ اُلْقُوا فٖيهَا سَمِعُوا لَهَا شَهٖيقًا وَهِىَ تَفُورُ ۝٧
تَكَادُ تَمَيَّزُ مِنَ الْغَيْظِ كُلَّمَاۤ اُلْقِىَ فٖيهَا فَوْجٌ سَاَلَهُمْ خَزَنَتُهَاۤ اَلَمْ يَأْتِكُمْ نَذٖيرٌ
۝٨ قَالُوا بَلٰى قَدْ جَاۤءَنَا نَذٖيرٌ فَكَذَّبْنَا وَقُلْنَا مَا نَزَّلَ اللّٰهُ مِنْ شَىْءٍ اِنْ اَنْتُمْ اِلَّا
فٖى ضَلَالٍ كَبٖيرٍ ۝٩ وَقَالُوا لَوْ كُنَّا نَسْمَعُ اَوْ نَعْقِلُ مَا كُنَّا فٖۤى اَصْحَابِ السَّعٖيرِ
۝١٠ فَاعْتَرَفُوا بِذَنْبِهِمْ فَسُحْقًا لِاَصْحَابِ السَّعٖيرِ ۝١١ اِنَّ الَّذٖينَ يَخْشَوْنَ
رَبَّهُمْ بِالْغَيْبِ لَهُمْ مَغْفِرَةٌ وَاَجْرٌ كَبٖيرٌ ۝١٢ وَاَسِرُّوا قَوْلَكُمْ اَوِ اجْهَرُوا بِهٖ
اِنَّهُ عَلٖيمٌ بِذَاتِ الصُّدُورِ ۝١٣ اَلَا يَعْلَمُ مَنْ خَلَقَ وَهُوَ اللَّطٖيفُ الْخَبٖيرُ ۝١٤

Hüvellezî ce'ale lekümül'arda zelûlen femşû fiymenâkibihâ ve külû min rızkıhî ve ileyhinnüşûr (15) Eemintüm men fissemâi en yahsife bikümül'arda feizâ hiye temûr (16) Em emintüm men fissemâi en yürsile aleyküm hasıben fese'ta'lemûne keyfe nezîr (17) Ve lekad kezzebelleziyne min kablihim fekeyfe kâne nekîr (18) Evelem yerev ilettayri fevkahüm saffâtin ve yakbidne mâ yümsikühünne illerrahmânü innehu biküllli şey'in basîr (19) Emmen hâzelleziy hüve cündün leküm yansurüküm min dûnirrahmâni inilkâfirûne illâ fiy ğurûr (20) Emmen hâzellezî yerzükuküm in emseke rızkahu bel leccû fiy 'utüvvin ve nüfûr (21) Efemen yemşiy mükibben 'alâ vechihî ehdâ emmen yemşiy seviyyen 'alâ sırâtın müstakîm (22) Kul hüvellezî enşeeküm ve ce'ale lekümüssem'a vel'ebsâre vel'ef'idete kaliylen mâ teşkürûn (23) Kul hüvellezî zeraeküm fiylardı ve ileyhi tuhşerûn (24) Ve yekûlûne metâ hâzel va'dü in küntüm sâdıkîn (25) Kul innemel'ılmü 'ındallahi ve innemâ ene neziyrün mübîn (26) Felemmâ reevhü zülfeten siyet vücûhülleziyne keferû ve kıyle hazelleziy küntüm bihî tedde'ûn (27) Kul ereeytüm in ehlekeniyallahü ve men ma'ıye ev rahımenâ femen yüciyrül kâfiriyne min 'azâbin elîm (28) Kul hüverrahmânü amennâ bihî ve aleyhi tevekkelnâ feseta'lemûne men hüve fiy dalâlin mübîn (29) Kul ereeytüm in asbaha mâüküm ğavren femen ye'tiyküm bimâin me'ıyn (30)

15- Yeryüzünü sizin emrinize veren O yaratıcıdır. Haydi, o yeryüzünün omuzlarında yürüyün de, O yaratanın rızkından yiyin. Fakat sonunda dönüş O'nadır. 16- Gökte bulunanın, sizinle yeri göçürüvermesinden emin misiniz? O zaman bakarsınız ki, o yer çalkalanıyor! 17- Yoksa, gökte bulunanın, üzerinize mermiler yağdıran birini göndermesinden emin misiniz? O zaman uyarımın nasıl olduğunu bilirsiniz! 18- Doğrusu, onlardan öncekiler de yalanladılar. Fakat, beni inkar etmek nasılmış bakalım! 19- Üstlerinde, kanat süzerek ve yumarak uçan kuşlara bakmazlar mı? Onları tutan ancak Rahmân'dır. Şüphesiz ki O, her şeyi görür. 20- Rahmân'dan başka sizi kurtaracak şu ordularınız da kimlerdir? Kâfirler başka değil, sırf bir gurur içindedirler. 21- Eğer O, rızkını keserse, sizlere şu rızık verecek de kimdir? Hayır, bir ürküntü ve azgınlık içinde inada dalmışlardır. 22- Şimdi, yüz üstü kapanarak giden mi daha doğrudur, yoksa dosdoğru bir yol üzerinde dümdüz giden mi? 23- De ki: "Sizi yaratan ve size işitecek kulak, görecek gözler ve duyacak gönüller veren O'dur. Fakat sizler, çok az şükrediyorsunuz!" 24- De ki: " Sizi, yeryüzünde zürriyetler halinde yaratıp yayan O'dur. Sonunda hep toplanıp O'nun huzuruna toplanacaksınız." 25- Böyle iken diyorlar ki: "Eğer doğru söylüyorsanız, bu vaat ne zaman gelecek?" 26- De ki: "O ilim, ancak Allah'ın katındadır. Ben, sadece açıkça anlatan uyarıcı bir peygamberim." 27- Derken, vakti gelip de onu yakından gördüklerinde, o inkar edenlerin yüzleri kötüleşiverdi ve denildi ki; "İşte bu, o sizin kendilerinize çağırıp durduğunuzdur." 28- De ki: "Gördünüz mü? Allah beni ve beraberimdekileri helak etse, veya bize merhamet buyursa, her iki durumda da kâfirleri elem verici bir azaptan kim kurtaracak?" 29- De ki: "O, öyle Rahmân'dır ki, işte biz O'na iman ettik ve O'na dayanmaktayız. İlerde sizler de, o açık bir sapıklık içinde bulunanın kim olduğunu bileceksiniz!" 30- De ki: "Gördün mü? Eğer suyunuz sabaha kadar çekiliverirse, size bir kaynak suyu kim getirebilir?"

هُوَ الَّذٖى جَعَلَ لَكُمُ الْاَرْضَ ذَلُولًا فَامْشُوا فٖى مَنَاكِبِهَا وَكُلُوا مِنْ رِزْقِهٖۜ
وَاِلَيْهِ النُّشُورُ ﴿١٥﴾ ءَاَمِنْتُمْ مَنْ فِى السَّمَٓاءِ اَنْ يَخْسِفَ بِكُمُ الْاَرْضَ فَاِذَا هِىَ
تَمُورُۙ ﴿١٦﴾ اَمْ اَمِنْتُمْ مَنْ فِى السَّمَٓاءِ اَنْ يُرْسِلَ عَلَيْكُمْ حَاصِبًاۜ فَسَتَعْلَمُونَ
كَيْفَ نَذٖيرِ ﴿١٧﴾ وَلَقَدْ كَذَّبَ الَّذٖينَ مِنْ قَبْلِهِمْ فَكَيْفَ كَانَ نَكٖيرِ ﴿١٨﴾ اَوَلَمْ
يَرَوْا اِلَى الطَّيْرِ فَوْقَهُمْ صَٓافَّاتٍ وَيَقْبِضْنَۜ مَا يُمْسِكُهُنَّ اِلَّا الرَّحْمٰنُۜ اِنَّهُ
بِكُلِّ شَىْءٍ بَصٖيرٌ ﴿١٩﴾ اَمَّنْ هٰذَا الَّذٖى هُوَ جُنْدٌ لَكُمْ يَنْصُرُكُمْ مِنْ دُونِ
الرَّحْمٰنِۜ اِنِ الْكَافِرُونَ اِلَّا فٖى غُرُورٍۚ ﴿٢٠﴾ اَمَّنْ هٰذَا الَّذٖى يَرْزُقُكُمْ اِنْ اَمْسَكَ
رِزْقَهُۚ بَلْ لَجُّوا فٖى عُتُوٍّ وَنُفُورٍ ﴿٢١﴾ اَفَمَنْ يَمْشٖى مُكِبًّا عَلٰى وَجْهِهٖٓ اَهْدٰٓى
اَمَّنْ يَمْشٖى سَوِيًّا عَلٰى صِرَاطٍ مُسْتَقٖيمٍ ﴿٢٢﴾ قُلْ هُوَ الَّذٖٓى اَنْشَاَكُمْ وَجَعَلَ
لَكُمُ السَّمْعَ وَالْاَبْصَارَ وَالْاَفْـِٔدَةَۜ قَلٖيلًا مَا تَشْكُرُونَ ﴿٢٣﴾ قُلْ هُوَ الَّذٖى
ذَرَاَكُمْ فِى الْاَرْضِ وَاِلَيْهِ تُحْشَرُونَ ﴿٢٤﴾ وَيَقُولُونَ مَتٰى هٰذَا الْوَعْدُ
اِنْ كُنْتُمْ صَادِقٖينَ ﴿٢٥﴾ قُلْ اِنَّمَا الْعِلْمُ عِنْدَ اللّٰهِۖ وَاِنَّمَٓا اَنَا نَذٖيرٌ مُبٖينٌ ﴿٢٦﴾
فَلَمَّا رَاَوْهُ زُلْفَةً سٖٓيـَٔتْ وُجُوهُ الَّذٖينَ كَفَرُوا وَقٖيلَ هٰذَا الَّذٖى
كُنْتُمْ بِهٖ تَدَّعُونَ ﴿٢٧﴾ قُلْ اَرَاَيْتُمْ اِنْ اَهْلَكَنِىَ اللّٰهُ وَمَنْ مَعِىَ اَوْ
رَحِمَنَاۙ فَمَنْ يُجٖيرُ الْكَافِرٖينَ مِنْ عَذَابٍ اَلٖيمٍ ﴿٢٨﴾ قُلْ هُوَ الرَّحْمٰنُ
اٰمَنَّا بِهٖ وَعَلَيْهِ تَوَكَّلْنَاۚ فَسَتَعْلَمُونَ مَنْ هُوَ فٖى ضَلَالٍ مُبٖينٍ ﴿٢٩﴾
قُلْ اَرَاَيْتُمْ اِنْ اَصْبَحَ مَٓاؤُكُمْ غَوْرًا فَمَنْ يَأْتٖيكُمْ بِمَٓاءٍ مَعٖينٍ ﴿٣٠﴾

Bismillâhirrahmânirrahîm.

Amme yetesâelûn (1) Aninnebeil'azîm (2) Ellezî hüm fîhi muhtelifûn (3) Kellâ seya'lemûn (4) Sümme kellâ seya'lemûn (5) Elem nec'alil'arda mihâdâ (6) Velcibâle evtâdâ (7) Ve haleknâküm ezvacâ (8) Ve ce'alna nevmeküm sübâtâ (9) Ve ce'alnelleyle libâsâ (10) Ve ce'alnennehâre me'aşâ (11) Ve beneyna fevkaküm seb'an şidâdâ (12) Ve ce'alnâ sirâcen vehhâcâ (13) Ve enzelnâ minelmu'sırâti mâen seccâcâ (14) Linuhrice bihî habben ve nebâtâ (15) Ve cennâtin elfâfâ (16) İne yevmelfasli kâne mîkâtâ (17) Yevme yünfehu fissuri fete'tûne efvacâ (18) Ve fütihatissemâü fekânet ebvâbâ (19) Ve süyyiretilcibâlü fekânet serâbâ (20) İnne cehenneme kânet mirsadâ (21) Lit tâğîne meâbâ (22) Lâbisîne fîhâ ahkâbâ (23) Lâyezûkûne fîhâ berden ve lâ şerâbâ (24) İllâ hamiymen ve ğassâkâ (25) Cezâen vifâkâ (26) İnnehüm kânu lâ yercûne hısâbâ (27) Ve kezzebû biâyâtina kizzâbâ (28) Ve külle şey'in ahsaynahü kitâbâ (29) Fezükû felen neziydeküm illâ 'azâbâ (30) İnne lilmüttekıyne mefâzâ (31) Hadâika ve a'nâbâ (32) Ve keva'ıbe etrâbâ (33) Ve ke'sen dihâkâ (34) Lâ yesme'ûne fiyhâ lağven velâ kizzâbâ (35) Cezâen min rabbike atâen hisâbâ (36) Rabbissemâvâti vel'ardı ve mâ beynehümerrahmâni lâ yemlikûne minhü hıtâbâ (37) Yevme yekûmürrûhu velmelâiketü saffen lâ yetekellemûne illâ men ezine lehürrahmânü ve kale savâbâ (38) Zâlike'l-yevmü'lhakku femen şâettehaze ilâ rabbihî meâbâ (39) İnnâ enzernâküm 'azâben kariyben, yevme yenzurülmer'u mâ kaddemet yedâhü ve yekûlülkâfirü yâleyteniy küntü türâbâ (40)

Rahmân ve Rahîm olan Allah'ın adıyla,

1- Neden soruşuyorlar? 2- O büyük vahiy haberinden. 3- Ki onlar, o hususta ayrılığa düşüyorlar. 4- Hayır, ileride bilecekler. 5- Hayır, hayır! İleride bilecekler. 6- Biz, yeryüzünü bir döşek yapmadık mı? 7- Dağları da birer kazık? 8- Sizleri çift çift yarattık. 9- Uykunuzu bir dinleniş yaptık. 10- Geceyi de bir örtü yaptık. 11- Gündüzü ise, bir geçim vakti yaptık. 12- Üstünüze, sapsağlam yedi –göğü– bina çattık. 13- İçlerine ihtişamlı, parıl parıl parlayan bir kandil astık. 14- O yoğun bulutlardan, şarıl şarıl bir su indirdik. 15- Onunla taneler ve otlar çıkaralım diye. 16- Sarmaş dolaş bağlar, bahçeler. 17- Şüphesiz ki o ayırt etme günü, belirlenmiş bir vakittir. 18- O gün sûr üfürülür; derken bölük bölük gelirsiniz. 19- Gök ise açılmış, kapı kapı olmuştur. 20- Dağlar yürütülmüş, serap olmuştur. 21- Şüphesiz ki cehennem, bir gözetleme yeri olmuştur. 22- Azgınlar için, nihayetinde varılacak bir yer olmuştur. 23- İçinde, asırlarca kalacaklardır. 24- Ne bir serinlik tadacaklar, ne de içilecek bir şey. 25- Sadece bir kaynar su ve bir irin. 26- Her yönüyle uygun bir ceza olarak. 27- Çünkü onlar, hiçbir hesap ummuyorlardı. 28- Âyetlerimizi yalanlaya, yalanlaya, yalancı kesilmişlerdi. 29- Biz, her şeyi saymışız, bir kitaba kaydetmişiz. 30- Artık tadın bakalım! Artık size, azap artırmaktan başka bir şey yapacak değiliz! 31- Şüphesiz ki, korunanlar için büyük bir kurtuluş ve büyük bir meram vardır. 32- Bahçeler ve üzüm bağları vardır. 33- Göğüsleri yeni yeni olgunlaşan, hep bir yaşta –kızlar– vardır. 34- Dopdolu kadehler vardır. 35- Orada ne boş bir laf işitirler, ne de bir yalanlama. 36- Bunlar-Rabbinden bir mükafat, yeterli bir lütuftur. 37- O, göklerin, yerin ve aralarındaki her şeyin Rabbi olan bir Rahmân ki, O'nunla konuşmaya dahi güç yetiremezler. 38- O gün, Cebrâil ve melekler saf saf ayakta dizilecek. Rahmân'ın izin verdiğinden başka hiç kimse, bir kelime dahi konuşamayacak; o da ancak doğruyu konuşacaktır. 39- O gün gerçektir; o halde dileyen Rabbine varacak bir yüz edinsin. 40- Çünkü biz sizi, yakın bir azap için uyardık. O gün kişi, ellerinin önceden ne gönderdiğine bakacak ve kâfir; "Ah, keşke ben bir toprak olsaydım!" diyecek.

سُورَةُ النَّبَأِ

مَكِّيَّةٌ اٰيَاتُهَا ٤٠

AMME (NEBE') SÛRESİ

بِسْمِ اللّٰهِ الرَّحْمٰنِ الرَّح۪يمِ

عَمَّ يَتَسَٓاءَلُونَۚ ١ عَنِ النَّبَأِ الْعَظ۪يمِۙ ٢ اَلَّذ۪ي هُمْ ف۪يهِ مُخْتَلِفُونَۜ ٣ كَلَّا سَيَعْلَمُونَۙ
٤ ثُمَّ كَلَّا سَيَعْلَمُونَ ٥ اَلَمْ نَجْعَلِ الْاَرْضَ مِهَاداًۙ ٦ وَالْجِبَالَ اَوْتَاداًۖ ٧
وَخَلَقْنَاكُمْ اَزْوَاجاًۙ ٨ وَجَعَلْنَا نَوْمَكُمْ سُبَاتاًۙ ٩ وَجَعَلْنَا الَّيْلَ لِبَاساًۙ ١٠ وَجَعَلْنَا
النَّهَارَ مَعَاشاًۖ ١١ وَبَنَيْنَا فَوْقَكُمْ سَبْعاً شِدَاداًۙ ١٢ وَجَعَلْنَا سِرَاجاً وَهَّاجاًۖ ١٣
وَاَنْزَلْنَا مِنَ الْمُعْصِرَاتِ مَٓاءً ثَجَّاجاًۙ ١٤ لِنُخْرِجَ بِه۪ حَبّاً وَنَبَاتاًۙ ١٥ وَجَنَّاتٍ اَلْفَافاًۜ
١٦ اِنَّ يَوْمَ الْفَصْلِ كَانَ م۪يقَاتاًۙ ١٧ يَوْمَ يُنْفَخُ فِي الصُّورِ فَتَاْتُونَ اَفْوَاجاًۙ ١٨ وَفُتِحَتِ
السَّمَٓاءُ فَكَانَتْ اَبْوَاباًۙ ١٩ وَسُيِّرَتِ الْجِبَالُ فَكَانَتْ سَرَاباًۜ ٢٠ اِنَّ جَهَنَّمَ كَانَتْ
مِرْصَاداًۙ ٢١ لِلطَّاغ۪ينَ مَاٰباًۙ ٢٢ لَابِث۪ينَ ف۪يهَٓا اَحْقَاباًۚ ٢٣ لَا يَذُوقُونَ ف۪يهَا بَرْداً وَلَا
شَرَاباًۙ ٢٤ اِلَّا حَم۪يماً وَغَسَّاقاًۙ ٢٥ جَزَٓاءً وِفَاقاًۜ ٢٦ اِنَّهُمْ كَانُوا لَا يَرْجُونَ حِسَاباًۙ
٢٧ وَكَذَّبُوا بِاٰيَاتِنَا كِذَّاباًۜ ٢٨ وَكُلَّ شَيْءٍ اَحْصَيْنَاهُ كِتَاباًۙ ٢٩ فَذُوقُوا فَلَنْ نَز۪يدَكُمْ
اِلَّا عَذَاباًۚ ٣٠ اِنَّ لِلْمُتَّق۪ينَ مَفَازاًۙ ٣١ حَدَٓائِقَ وَاَعْنَاباًۙ ٣٢ وَكَوَاعِبَ اَتْرَاباًۙ ٣٣
وَكَاْساً دِهَاقاًۜ ٣٤ لَا يَسْمَعُونَ ف۪يهَا لَغْواً وَلَا كِذَّاباًۚ ٣٥ جَزَٓاءً مِنْ رَبِّكَ عَطَٓاءً
حِسَاباًۙ ٣٦ رَبِّ السَّمٰوَاتِ وَالْاَرْضِ وَمَا بَيْنَهُمَا الرَّحْمٰنِ لَا يَمْلِكُونَ مِنْهُ خِطَاباًۚ
٣٧ يَوْمَ يَقُومُ الرُّوحُ وَالْمَلٰٓئِكَةُ صَفّاًۜ لَا يَتَكَلَّمُونَ اِلَّا مَنْ اَذِنَ لَهُ الرَّحْمٰنُ وَقَالَ
صَوَاباً ٣٨ ذٰلِكَ الْيَوْمُ الْحَقُّۚ فَمَنْ شَٓاءَ اتَّخَذَ اِلٰى رَبِّه۪ مَاٰباً ٣٩ اِنَّٓا اَنْذَرْنَاكُمْ عَذَاباً
قَر۪يباًۚ يَوْمَ يَنْظُرُ الْمَرْءُ مَا قَدَّمَتْ يَدَاهُ وَيَقُولُ الْكَافِرُ يَا لَيْتَن۪ي كُنْتُ تُرَاباً ٤٠

Bismillâhirrahmanirrahîm
Yüsebbihu lillâhi mâ fissemâvâti ve mâ fil ardıl melikil kuddûsil azîzil hakîm (1) Hüvellezî bease fil ümmiyyîne rasûlen minhüm yetlû aleyhim âyâtihi ve yüzekkîhim ve yüallimühümül kitâbe vel hıkmete ve in kânû min kablü lefî dalâlin mübînin (2) Ve âharîne minhüm lemmâ yelhaku bihim, ve hüvel azîzül hakîm (3) Zâlike fadlullâhi yü'tihi men yeşa' vallâhü zül fadlil azîm (4) Meselüllezîne hummilüt tevrâte sümme lem yahmilûhâ kemeselil himâri yahmilü esfâra, bi'se meselül kavmillezîne kezzebû bi âyâtillâhi vallâhü lâ yehdil kavmez zâlimîn (5) Kul yâ eyyühellezine hâdû in ze'amtüm enneküm evliyâü lillâhi min dûninnâsi fetemennevül mevte inküntüm sâdıkıyn (6) Ve lâ yetemennevnehu ebeden bimâ kaddemet eydîhim, vallâhü alîmün biz zâlimîn (7) Kul innel mevtellezî tefirrûne minhü fe innehû mülâkıyküm sümme türeddûne ilâ âlimil gaybi veş şehâdeti fe yünebbiüküm bimâ küntüm ta'melûn (8) Yâ eyyühellezîne âmenû izâ nûdiye lis salâti min yevmil cümüati fes'av ilâ zikrillâhi ve zerul bey'ı zâliküm hayrun leküm in küntüm ta'lemûn (9) Fe izâ kudiyetis salâtü fenteşirû fil ardı vebtegû min fadlillâhi vezkürullâhe kesîren le'alleküm tüflihûn (10) Ve izâ raev ticâreten ev lehveninfeddû ileyhâ ve terekûke kaimâ, kul mâ ındallâhi hayrun minel lehvi ve minetticâreh, vallâhü hayrur râzikıyn (11)

Rahmân ve Rahîm olan Allah'ın adıyla,

1- Göklerde ve yerde bulunan her şey, Allah için tesbih eder. O, öyle lekesiz mukaddes bir melik ki, hem güçlüdür, hem de hikmet sahibidir. 2- Okuma-yazması olmayanlar içinde, kendilerinden olup da, onlara O'nun âyetlerini okuyan, onları temize çıkarıp parlatan, kendilerine kitap ve hikmet öğreten bir peygamberi gönderen O'dur. Oysa bundan evvel, açık bir sapıklık içinde idiler. 3- Bir de onlardan başkalarına-göndermiştir- ki, henüz onlara erişmemişlerdir. O, çok güçlüdür, sonsuz hikmet sahibidir. 4- İşte bu, Allah'ın lütfudur ki, onu dilediğine verir ve Allah, çok büyük lütuf sahibidir. 5- Kendilerine Tevrat yükletilip de, sonra onu taşıyamayanların hali, ciltlerle kitap taşıyan eşeğin haline benzer. Allah'ın âyetlerini yalanlayan bir topluluğun hali ne çirkindir! Allah, zalimler güruhunu doğru yola çıkarmaz. 6- De ki: "Ey Yahudiler! Eğer siz, diğer insanlardan ayrı olarak kendinizi Allah'ın dostları sanıyorsanız, haydi ölmeyi arzulayın; eğer davanızda doğru iseniz." 7- Oysa, elleriyle yaptıkları günahlar yüzünden, onu ebediyen arzulayamazlar. Allah, zalimleri bilir. 8- De ki: "Haberiniz olsun, o kaçıp durduğunuz ölüm muhakkak gelip size çatacak. Sonra, gizli ve aşikar olan her şeyi bilene iade olunacaksınız da, O size neler yaptığınızı haber verecektir." 9- Ey iman edenler! Cuma günü, namaz için çağrıldığınız zaman, hemen Allah'ın zikrine koşun ve alım satımı bırakın; eğer bilirseniz bu, sizin için daha hayırlıdır. 10- Sonra, namaz kılındı mı yeryüzüne dağılın da Allah'ın lütfundan nasip arayın ve Allah'ı çok anın ki, kurtuluş bulasınız. 11- Böyle olduğu halde, bir ticaret veya bir eğlence gördüklerinde ona fırlayıp, seni ayakta bıraktılar. De ki: "Allah'ın yanındakiler, eğlenceden ve ticaretten daha hayırlıdır ve Allah, rızık verenlerin en hayırlısıdır."

مَدَنِيَّةٌ سُورَةُ الْجُمُعَةِ اٰيَاتُهَا ١١

CUMA SÛRESİ

بِسْمِ اللّٰهِ الرَّحْمٰنِ الرَّح۪يمِ

يُسَبِّحُ لِلّٰهِ مَا فِي السَّمٰوَاتِ وَمَا فِي الْاَرْضِ الْمَلِكِ الْقُدُّوسِ الْعَز۪يزِ الْحَك۪يمِ
﴿١﴾ هُوَ الَّذ۪ي بَعَثَ فِي الْاُمِّيّ۪نَ رَسُولاً مِنْهُمْ يَتْلُوا عَلَيْهِمْ اٰيَاتِه۪ وَيُزَكّ۪يهِمْ
وَيُعَلِّمُهُمُ الْكِتَابَ وَالْحِكْمَةَ وَاِنْ كَانُوا مِنْ قَبْلُ لَف۪ي ضَلَالٍ مُب۪ينٍ ﴿٢﴾ وَاٰخَر۪ينَ
مِنْهُمْ لَمَّا يَلْحَقُوا بِهِمْ وَهُوَ الْعَز۪يزُ الْحَك۪يمُ ﴿٣﴾ ذٰلِكَ فَضْلُ اللّٰهِ يُؤْت۪يهِ مَنْ يَشَٓاءُ
وَاللّٰهُ ذُو الْفَضْلِ الْعَظ۪يمِ ﴿٤﴾ مَثَلُ الَّذ۪ينَ حُمِّلُوا التَّوْرٰيةَ ثُمَّ لَمْ يَحْمِلُوهَا
كَمَثَلِ الْحِمَارِ يَحْمِلُ اَسْفَاراًۜ بِئْسَ مَثَلُ الْقَوْمِ الَّذ۪ينَ كَذَّبُوا بِاٰيَاتِ اللّٰهِۜ وَاللّٰهُ
لَا يَهْدِي الْقَوْمَ الظَّالِم۪ينَ ﴿٥﴾ قُلْ يَٓا اَيُّهَا الَّذ۪ينَ هَادُوا اِنْ زَعَمْتُمْ اَنَّكُمْ اَوْلِيَٓاءُ
لِلّٰهِ مِنْ دُونِ النَّاسِ فَتَمَنَّوُا الْمَوْتَ اِنْ كُنْتُمْ صَادِق۪ينَ ﴿٦﴾ وَلَا يَتَمَنَّوْنَهُٓ اَبَداً
بِمَا قَدَّمَتْ اَيْد۪يهِمْۜ وَاللّٰهُ عَل۪يمٌ بِالظَّالِم۪ينَ ﴿٧﴾ قُلْ اِنَّ الْمَوْتَ الَّذ۪ي تَفِرُّونَ
مِنْهُ فَاِنَّهُ مُلَاق۪يكُمْ ثُمَّ تُرَدُّونَ اِلٰى عَالِمِ الْغَيْبِ وَالشَّهَادَةِ فَيُنَبِّئُكُمْ بِمَا كُنْتُمْ
تَعْمَلُونَ ﴿٨﴾ يَٓا اَيُّهَا الَّذ۪ينَ اٰمَنُٓوا اِذَا نُودِيَ لِلصَّلٰوةِ مِنْ يَوْمِ الْجُمُعَةِ فَاسْعَوْا
اِلٰى ذِكْرِ اللّٰهِ وَذَرُوا الْبَيْعَۜ ذٰلِكُمْ خَيْرٌ لَكُمْ اِنْ كُنْتُمْ تَعْلَمُونَ ﴿٩﴾ فَاِذَا قُضِيَتِ
الصَّلٰوةُ فَانْتَشِرُوا فِي الْاَرْضِ وَابْتَغُوا مِنْ فَضْلِ اللّٰهِ وَاذْكُرُوا اللّٰهَ كَث۪يراً
لَعَلَّكُمْ تُفْلِحُونَ ﴿١٠﴾ وَاِذَا رَاَوْا تِجَارَةً اَوْ لَهْواًنِ انْفَضُّٓوا اِلَيْهَا وَتَرَكُوكَ
قَٓائِماًۜ قُلْ مَا عِنْدَ اللّٰهِ خَيْرٌ مِنَ اللَّهْوِ وَمِنَ التِّجَارَةِۜ وَاللّٰهُ خَيْرُ الرَّازِق۪ينَ ﴿١١﴾

Bismillâhirrahmanirrahîm

Lâ uksimü biyevmil kıyâmeh (1) Ve lâ uk-
simü binnefsil levvâmeh (2) Eyahsebül'-
insânü ellen necme'a 'ızâmeh (3) Belâ
kâdirîne 'alâ en nüsevviye benâneh (4)
Bel yürîdül'insânü liyefcüre emâmeh (5)
Yes'elü eyyâne yevmül kıyâmeh (6) Feizâ
berikalbasar (7) Ve hasefelkamer (8) Ve
cümi'aşşemsü vel kamer (9) Yekûlül'insâ-
nü yevmeizin eynelmeferr (10) Kellâ lâ ve-
zer (11) İlâ rabbike yevmeizinil müstekarr
(12) Yünebbeül'insânü yevmeizin bimâ kad-
deme ve ahhar (13) Belil'insânü 'alâ nefsi-
hî besıyrah (14) Ve lev elkâ ma'âziyrah
(15) Lâ tüharrik bihî lisâneke lita'cele bih
(16) İnne 'aleynâ cem'ahu ve kur'aneh
(17) Feizâ kare'nâhü fettebı' kur'âneh (18)
Sümme inne 'aleynâ beyâneh (19) Kella
bel tühıbbûnel'âcileh (20) Ve tezerûnel'â-
hirah (21) Vücûhün yevmeizin nâdırah
(22) İlâ rabbihâ nâzırah (23) Ve vücûhün
yevmeizin basırah (24) Tezunnü en yüf'-
ale bihâ fâkırah (25) Kellâ izâ beleğatitte-
râkıy (26) Ve kıyle men râk (27) Ve zanne
ennehülfirâk (28) Velteffetissâku bissâk
(29) İlâ rabbike yevmeizinilmesâk (30) Felâ
saddeka ve lâ sallâ (31) Ve lâkin kezzebe
ve tevellâ (32) Sümme zehebe ilha ehlihî
yetemettâ (33) Evlâ leke feevlâ (34) Sümme
evlâ leke feevlâ (35) Eyahsebül'insânü en
yütreke süda (36) Elem yekû nütfeten min
meniyyin yümnâ (37) Sümme kâne 'âlaka-
ten fehalaka fesevvâ (38) Fece'ale min-
hüz zevceyniz zekera vel'ünsâ (39) Eleyse
zâlike bikadirin 'alâ en yühyiyel mevtâ (40)

Rahmân ve Rahîm olan Allah'ın adıyla,

1- Yo... O kalkış gününe-kıyamete-yemin ederim. 2- Yo... O pişman olan cana da yemin ederim. 3- İnsan, kemikleri bir araya toplayamayacağımızı mı sanıyor? 4- Evet, bir araya toplarız; parmaklarını düzeltip dizmeye bile kadiriz. 5- Fakat insan, ileride isyana devam etmeyi arzular. 6- "O kıyamet günü ne zaman?"diye sorar. 7- O göz, şimşek çaktığı zaman, 8- Ay tutulduğu vakit, 9- Güneş ve ay bir araya toplandığında, 10- İşte o gün insan, "Nereye kaçmalı?"der. 11- Hayır, hayır, hiçbir siper yok! 12- O gün, varılacak yer ancak Rabbinedir. 13- O gün insan, önceki ve sonraki yaptıklarıyla ayıtılır-haber verilir. 14- Doğrusu insan, kendine karşı bir şahittir. 15- Velevki, kendi mazeretlerini ortaya dökmüş olsa da. 16- Vahyi almak için acele edip, onunla dilini kımıldatıp durma! 17- Çünkü onu bir araya toplamak ve okutmak bize aittir. 18- Biz onu okuduğumuz zaman, o Kur'an'ı takip et. 19- Sonra, yine onun açıklanması bize aittir. 20- Hayır, hayır! Siz, peşin olanı –hemen ele geçen dünyayı– seviyorsunuz. 21- Ahireti ise bırakıyorsunuz. 22- O gün, nice yüzler ışıldayıp parlar. 23- Rablerine bakarlar. 24- O gün, nice yüzler de ekşir, pusarır. 25- Kendilerine, bel kıran bir muamelenin yapılacağını anlar. 26- Hayır, hayır! Ne zaman ki o can, köprücük –kemiklerine– dayanır, 27- "Okuyacak kim var?"denilir. 28- O an, ayrılma vaktinin geldiğini sezer. 29- El ayak, bacak bacağa dolaşır. 30- İşte o gün sevk, sadece Rabbinedir. 31- Fakat o, ne sadaka verdi, ne de namaz kıldı. 32- Ama o, yalanladı ve yüzünü döndü. 33- Sonra da, kasıla kasıla âilesine gitti. 34- Sana o bela gerektir, gerek. 35- Evet, o bela gerektir gerek. 36- İnsan, başı boş bırakılacağını mı sanıyor? 37- O, dökülen bir damla meniden ibaret değil mi idi? 38- Sonra bir kan pıhtısı oldu. Derken yaratıp-biçim verdi, sonra da tesviye etti-bütün azalarını düzeltti. 39- Ondan, iki eş; erkek ve dişi yaptı. 40- Artık O, ölüleri diriltmeye kadir değil midir?

مَكِّيَّةٌ سُورَةُ الْقِيٰمَةِ اٰيَاتُهَا ٤٠

KIYÂMET SÛRESİ

بِسْمِ اللّٰهِ الرَّحْمٰنِ الرَّحٖيمِ

لَٓا اُقْسِمُ بِيَوْمِ الْقِيٰمَةِۙ ﴿١﴾ وَلَٓا اُقْسِمُ بِالنَّفْسِ اللَّوَّامَةِ ﴿٢﴾ اَيَحْسَبُ الْاِنْسَانُ اَلَّنْ
نَجْمَعَ عِظَامَهُۜ ﴿٣﴾ بَلٰى قَادِرٖينَ عَلٰٓى اَنْ نُسَوِّيَ بَنَانَهُ ﴿٤﴾ بَلْ يُرٖيدُ الْاِنْسَانُ لِيَفْجُرَ
اَمَامَهُۚ ﴿٥﴾ يَسْـَٔلُ اَيَّانَ يَوْمُ الْقِيٰمَةِۜ ﴿٦﴾ فَاِذَا بَرِقَ الْبَصَرُۙ ﴿٧﴾ وَخَسَفَ الْقَمَرُۙ ﴿٨﴾
وَجُمِعَ الشَّمْسُ وَالْقَمَرُۙ ﴿٩﴾ يَقُولُ الْاِنْسَانُ يَوْمَئِذٍ اَيْنَ الْمَفَرُّۚ ﴿١٠﴾ كَلَّا لَا وَزَرَۜ
﴿١١﴾ اِلٰى رَبِّكَ يَوْمَئِذٍ الْمُسْتَقَرُّۜ ﴿١٢﴾ يُنَبَّؤُا الْاِنْسَانُ يَوْمَئِذٍ بِمَا قَدَّمَ وَاَخَّرَۜ ﴿١٣﴾ بَلِ
الْاِنْسَانُ عَلٰى نَفْسِهٖ بَصٖيرَةٌۙ ﴿١٤﴾ وَلَوْ اَلْقٰى مَعَاذٖيرَهُۜ ﴿١٥﴾ لَا تُحَرِّكْ بِهٖ لِسَانَكَ لِتَعْجَلَ
بِهٖۜ ﴿١٦﴾ اِنَّ عَلَيْنَا جَمْعَهُ وَقُرْاٰنَهُۚ ﴿١٧﴾ فَاِذَا قَرَاْنَاهُ فَاتَّبِعْ قُرْاٰنَهُۚ ﴿١٨﴾ ثُمَّ اِنَّ عَلَيْنَا بَيَانَهُۜ ﴿١٩﴾
كَلَّا بَلْ تُحِبُّونَ الْعَاجِلَةَۙ ﴿٢٠﴾ وَتَذَرُونَ الْاٰخِرَةَۜ ﴿٢١﴾ وُجُوهٌ يَوْمَئِذٍ نَاضِرَةٌۙ
﴿٢٢﴾ اِلٰى رَبِّهَا نَاظِرَةٌۚ ﴿٢٣﴾ وَوُجُوهٌ يَوْمَئِذٍ بَاسِرَةٌۙ ﴿٢٤﴾ تَظُنُّ اَنْ يُفْعَلَ بِهَا فَاقِرَةٌۜ
﴿٢٥﴾ كَلَّٓا اِذَا بَلَغَتِ التَّرَاقِيَۙ ﴿٢٦﴾ وَقٖيلَ مَنْ رَاقٍۙ ﴿٢٧﴾ وَظَنَّ اَنَّهُ الْفِرَاقُۙ ﴿٢٨﴾
وَالْتَفَّتِ السَّاقُ بِالسَّاقِۙ ﴿٢٩﴾ اِلٰى رَبِّكَ يَوْمَئِذٍ الْمَسَاقُۜ ﴿٣٠﴾ فَلَا صَدَّقَ وَلَا
صَلّٰىۙ ﴿٣١﴾ وَلٰكِنْ كَذَّبَ وَتَوَلّٰىۙ ﴿٣٢﴾ ثُمَّ ذَهَبَ اِلٰٓى اَهْلِهٖ يَتَمَطّٰىۜ ﴿٣٣﴾ اَوْلٰى لَكَ
فَاَوْلٰىۙ ﴿٣٤﴾ ثُمَّ اَوْلٰى لَكَ فَاَوْلٰىۜ ﴿٣٥﴾ اَيَحْسَبُ الْاِنْسَانُ اَنْ يُتْرَكَ سُدًىۜ ﴿٣٦﴾
اَلَمْ يَكُ نُطْفَةً مِنْ مَنِيٍّ يُمْنٰىۙ ﴿٣٧﴾ ثُمَّ كَانَ عَلَقَةً فَخَلَقَ فَسَوّٰىۙ ﴿٣٨﴾ فَجَعَلَ مِنْهُ
الزَّوْجَيْنِ الذَّكَرَ وَالْاُنْثٰىۜ ﴿٣٩﴾ اَلَيْسَ ذٰلِكَ بِقَادِرٍ عَلٰٓى اَنْ يُحْيِيَ الْمَوْتٰى ﴿٤٠﴾

Bismillâhirrahmanirrahîm

İnnâ fetahnâ leke fetham mübînâ (1) Li yağfire lekellâhü mâ tekaddeme min zembike ve mâ teahhara ve yütimme nı'metehû aleyke ve yehdiyeke sırâtam müstekıymâ (2) Ve yensurakellâhü nasran azîzâ (3) Hüvellezî enzeles sekînete fî kulûbil mü'minîne li yezdâdû imânem mea îmânihim ve lillâhi cünûdüs semâvâti vel ard ve kânellâhü alîmen hakîmâ (4) Li yüdhılel mü'minîne vel mü'minâti cennâtin tecrî min tahtihel enhâru hâlidîne fîhâ ve yükeffira anhüm seyyîatihim ve kâne zâlike ındellâhi fevzen azıymâ (5) Ve yüazzibel münâfikıyne vel münafıkatı ve müşrikine vel müşrikâtiz zânnîne billâhi zannes sev' aleyhim dâiratüs sev' ve ğadıbellâhü aleyhim ve leanehüm ve eadde lehüm cehennem ve sâet masıyrâ (6) Ve lillâhi cünûdüs semâvâti vel ard ve kânellâhü azîzen hakîmâ (7) İnnâ erselnâke şâhidev ve mübeşşirav ve nezîrâ (8) Li tü'minû billâhi ve rasûlihî ve tüazzirûhü ve tüvekkırûh ve tüsebbihûhü bükratev ve esıylâ (9) İnnellezîne yübâyiûneke innemâ yübâyiûnellâh yedüllâhi fevka eydîhim

Rahmân ve Rahîm olan Allah'ın adıyla, 1- Gerçekten biz, sana apaçık bir fetih açtık. 2- Böylelikle Allah, senin geçmiş ve gelecek hatalarını bağışlayıp üzerindeki nimetini tamamlayacak ve seni dosdoğru bir yola çıkaracaktır. 3- Ve eşsiz bir zafer ile Allah, sana yardım edecek ve üstün kılacaktır. 4- İmanlarının üstüne iman katsınlar diye inananların kalplerine huzur ve sükunet indiren O'dur. Öyle ya, bütün o göklerin ve yerin orduları Allah'ındır. Allah, her şeyi bilendir, hikmet sahibidir. 5- İnanan erkekleri ve inanan kadınları, ebedi olarak içinde kalmak üzere altından ırmaklar akan cennetlere koymak ve onların hatalarını örtmek için... Ki Allah katında bu, büyük bir kurtuluştur. 6- Ve Allah'a karşı kötü zanda bulunan münafık erkeklerle münafık kadınları, müşrik erkeklerle müşrik kadınları, o kötülük girdâbı başlarına dönesiceleri azaba çarptırmak için... Ki Allah onlara gazap etmiş, onları lanetlemiş ve kendilerine cehennemi hazırlamıştır. Ona gidiş ise ne kötüdür! 7- Evet, o göklerin ve yerin bütün orduları Allah'ındır ve Allah, çok güçlüdür, hikmet sahibidir. 8- Doğrusu biz seni, hem bir şahit, hem bir müjdeleyici ve hem de bir uyarıcı olarak gönderdik. 9- Ki, Allah'a ve peygamberine iman edesiniz de, ona takviye ve tazimde bulunasınız, O'na sabah akşam tesbih edesiniz. 10- Şüphesiz ki sana biat edenler, sırf Allah'a biat etmiş olurlar. Allah'ın-kudret- eli, onların elinin üstündedir. Onun için her kim cayarsa, sadece kendi aleyhine cayar.

سُورَةُ الْفَتْحِ

مَدَنِيَّةٌ اٰيَاتُهَا ٢٩

FETİH SÛRESİ

بِسْمِ اللّٰهِ الرَّحْمٰنِ الرَّح۪يمِ

اِنَّا فَتَحْنَا لَكَ فَتْحًا مُب۪ينًاۙ ﴿١﴾ لِيَغْفِرَ لَكَ اللّٰهُ مَا تَقَدَّمَ مِنْ ذَنْبِكَ وَمَا
تَاَخَّرَ وَيُتِمَّ نِعْمَتَهُ عَلَيْكَ وَيَهْدِيَكَ صِرَاطًا مُسْتَق۪يمًاۙ ﴿٢﴾ وَيَنْصُرَكَ
اللّٰهُ نَصْرًا عَز۪يزًا ﴿٣﴾ هُوَ الَّـذ۪ٓي اَنْزَلَ السَّك۪ينَةَ ف۪ي قُلُوبِ الْمُؤْمِن۪ينَ
لِيَزْدَادُٓوا ا۪يمَانًا مَعَ ا۪يمَانِهِمْۜ وَلِلّٰهِ جُنُودُ السَّمٰوَاتِ وَالْاَرْضِۜ
وَكَانَ اللّٰهُ عَل۪يمًا حَك۪يمًاۙ ﴿٤﴾ لِيُدْخِلَ الْمُؤْمِن۪ينَ وَالْمُؤْمِنَاتِ جَنَّاتٍ
تَجْر۪ي مِنْ تَحْتِهَا الْاَنْهَارُ خَالِد۪ينَ ف۪يهَا وَيُكَفِّرَ عَنْهُمْ سَيِّـَٔاتِهِمْۜ وَكَانَ
ذٰلِكَ عِنْدَ اللّٰهِ فَوْزًا عَظ۪يمًاۙ ﴿٥﴾ وَيُعَذِّبَ الْمُنَافِق۪ينَ وَالْمُنَافِقَاتِ
وَالْمُشْرِك۪ينَ وَالْمُشْرِكَاتِ الظَّٓانّ۪ينَ بِاللّٰهِ ظَنَّ السَّوْءِۜ عَلَيْهِمْ دَٓائِرَةُ
السَّوْءِۚ وَغَضِبَ اللّٰهُ عَلَيْهِمْ وَلَعَنَهُمْ وَاَعَدَّ لَهُمْ جَهَنَّمَۜ وَسَٓاءَتْ
مَص۪يرًا ﴿٦﴾ وَلِلّٰهِ جُنُودُ السَّمٰوَاتِ وَالْاَرْضِۜ وَكَانَ اللّٰهُ عَز۪يزًا
حَك۪يمًا ﴿٧﴾ اِنَّٓا اَرْسَلْنَاكَ شَاهِدًا وَمُبَشِّرًا وَنَذ۪يرًاۙ ﴿٨﴾ لِتُؤْمِنُوا
بِاللّٰهِ وَرَسُولِه۪ وَتُعَزِّرُوهُ وَتُوَقِّرُوهُۜ وَتُسَبِّحُوهُ بُكْرَةً وَاَص۪يلًا ﴿٩﴾
اِنَّ الَّذ۪ينَ يُبَايِعُونَكَ اِنَّمَا يُبَايِعُونَ اللّٰهَۜ يَدُ اللّٰهِ فَوْقَ اَيْد۪يهِمْۚ

femen nekese fe innemâ yenküsü alâ nefsih ve men evfâ bi mââhede aleyhüllâhe fe se yü'tîhi ecran azıymâ (10) Se yekûlü lekel mühallefûne minel a'râbi şeğaletnâ emvhalünâ ve ehlûnâ festağfir lenâ yekûlûne bi elsinetihim mâ leyse fî kulûbihim kul fe mey yemlikü leküm minellâhi şe-y'en in erâde biküm darran ev erâde biküm nef'â bel kânellâhü bimâ ta'melûne habîrâ (11) Bel zanentüm el ley yenkaliber rasûlü vel mü'minûne ilâ ehlîhim ebedev ve züyyine zâlike fî kulûbiküm ve zanentüm zannes sev' ve küntüm kavmem bûrâ (12) Ve mel lem yü'mim billâhi ve rasûlihî fe innâ a'tednâ lil kâfirîne seıyrâ (13) Ve lillâhi mülküs semâvâti vel ard yağfirû li mey yeşâü ve yüazzibü mey yeşâ' ve kânellâhü ğafûrar rahıymâ (14) Se ye'kûlül mühallefûne izen talaktüm ilâ meğânime li te'huzûhâ zerûnâ nettebı'küm yürîdûne ey yübeddilû kelâmellâh kul len tettebiûnâ kezâliküm kâlellâhü min kabl fe se yekûlûne bel tahsüdhunena bel kânu lâ yefkahûne illâ kalîlâ (15) Kul lil muhallefîne minel a'râbi se tüd'avne ilâ kevmin ülî be'sin şedîdin tükâtilûnehüm ev yüslimûn fe in tü'tıy'û yü'tikümüllâhü ecran hasenâ

Her kim de Allah'a verdiği sözü yerine getirirse, O da ona yarın büyük bir mükafat verecektir. 11- Bedevîlerden geri bırakılanlar yakında sana, "Bizleri mallarımız ve âilelerimiz oyaladı. Dolayısıyla bizim için bağışlanma dile" diyecekler. Kalplerinde olmayan şeyi ağızlarıyla söylüyorlar. De ki: "Eğer sizin hakkınızda bir zarar irade buyurursa veya size bir yarar sağlamayı dilerse Allah'a karşı kimin bir şeye gücü yetebilir? Doğrusu Allah, bütün yaptıklarınızdan haberdardır." 12- Doğrusu siz, peygamber ve mü'minler ebediyen âilelerine dönemeyecekler sandınız ve bu, kalplerinizde allanıp pullandı. Kötü bir zanna kapıldınız da düşkün bir topluluk oldunuz. 13- Her kim Allah'a ve peygamberine inanmazsa, bilsin ki biz kâfirler için çılgın bir ateş hazırlamışızdır. 14- Bütün o göklerin ve yerin mülkü Allah'ındır. Kimine diler bağışlar, kimine de diler azap eder ve Allah çok bağışlayıcıdır, merhamet sahibidir. 15- Sizler bir takım ganimetleri almak için koştuğunuz zaman o geri bırakılanlar yakında diyecekler ki: "Bırakın bizi, arkanızdan gelelim." Allah'ın sözünü değiştirmek isteyecekler. De ki: "Siz bizim arkamızdan asla gelmeyeceksiniz. Allah, sizin hakkınızda daha önce böyle buyurdu." Ona da diyecekler ki: "Hayır, bizi kıskanıyorsunuz." Hayır, onlar- ince anlamayan, anlayışları kıt olan kimselerdir. 16- O geri bırakılan bedevîlere de ki: "Siz, ileride çok güçlü savaşçı bir topluluğa çağrılacaksınız. Onlarla savaşırsınız, ya da müslüman olurlar. Eğer itaat ederseniz, o zaman Allah size güzel bir mükafat verir

فَمَنْ نَكَثَ فَاِنَّمَا يَنْكُثُ عَلٰى نَفْسِه۪ۚ وَمَنْ اَوْفٰى بِمَا عَاهَدَ عَلَيْهُ اللّٰهَ
فَسَيُؤْت۪يهِ اَجْراً عَظ۪يماً ﴿١٠﴾ سَيَقُولُ لَكَ الْمُخَلَّفُونَ مِنَ الْاَعْرَابِ
شَغَلَتْنَٓا اَمْوَالُنَا وَاَهْلُونَا فَاسْتَغْفِرْ لَنَاۚ يَقُولُونَ بِاَلْسِنَتِهِمْ مَا
لَيْسَ ف۪ي قُلُوبِهِمْۜ قُلْ فَمَنْ يَمْلِكُ لَكُمْ مِنَ اللّٰهِ شَيْـٔاً اِنْ اَرَادَ بِكُمْ
ضَراًّ اَوْ اَرَادَ بِكُمْ نَفْعاًۜ بَلْ كَانَ اللّٰهُ بِمَا تَعْمَلُونَ خَب۪يراً ﴿١١﴾ بَلْ
ظَنَنْتُمْ اَنْ لَنْ يَنْقَلِبَ الرَّسُولُ وَالْمُؤْمِنُونَ اِلٰٓى اَهْل۪يهِمْ اَبَداً
وَزُيِّنَ ذٰلِكَ ف۪ي قُلُوبِكُمْ وَظَنَنْتُمْ ظَنَّ السَّوْءِۚ وَكُنْتُمْ قَوْماً بُوراً
﴿١٢﴾ وَمَنْ لَمْ يُؤْمِنْ بِاللّٰهِ وَرَسُولِه۪ فَاِنَّٓا اَعْتَدْنَا لِلْكَافِر۪ينَ سَع۪يراً
﴿١٣﴾ وَلِلّٰهِ مُلْكُ السَّمٰوَاتِ وَالْاَرْضِۜ يَغْفِرُ لِمَنْ يَشَٓاءُ وَيُعَذِّبُ
مَنْ يَشَٓاءُۜ وَكَانَ اللّٰهُ غَفُوراً رَح۪يماً ﴿١٤﴾ سَيَقُولُ الْمُخَلَّفُونَ
اِذَا انْطَلَقْتُمْ اِلٰى مَغَانِمَ لِتَأْخُذُوهَا ذَرُونَا نَتَّبِعْكُمْۚ يُر۪يدُونَ
اَنْ يُبَدِّلُوا كَلَامَ اللّٰهِۜ قُلْ لَنْ تَتَّبِعُونَا كَذٰلِكُمْ قَالَ اللّٰهُ مِنْ قَبْلُۚ
فَسَيَقُولُونَ بَلْ تَحْسُدُونَنَاۜ بَلْ كَانُوا لَا يَفْقَهُونَ اِلَّا قَل۪يلاً ﴿١٥﴾
قُلْ لِلْمُخَلَّف۪ينَ مِنَ الْاَعْرَابِ سَتُدْعَوْنَ اِلٰى قَوْمٍ اُو۫لٰى بَأْسٍ شَد۪يدٍ
تُقَاتِلُونَهُمْ اَوْ يُسْلِمُونَۚ فَاِنْ تُط۪يعُوا يُؤْتِكُمُ اللّٰهُ اَجْراً حَسَناًۚ

ve in tetevellev kemâ tevelleytüm min kablü yüazzibküm azâben elîmâ (16) Leyse alel a'mâ haracüv ve lâ alel a'raci haracüv ve lâ alel merıydı harac ve mey yütıllâhe ve rasûlehû yüdhılhü cennâtin tecrî min tahtihel enhâr ve mey yetevelle yüazzibhü azâben elîmâ (17) Le kad radıyallâhü anil mü'minîne iz yübâyiûneke tahteş şecerati fe alime mâ fî kulûbihim fe enzeles sekînete aleyhim ve esâbehüm fethan kerîbâ (18) Ve meğanime kesîratey ye'huzûnehâ ve kânellâhü azîzen hakîmâ (19) Vaadekümüllâhü meğânime kesîraten te'huzûnehâ fe acele leküm hâzihî ve keffe eydiyen nâsi anküm ve li tekûne âyetel lil mü'minîne ve yehdiyeküm sırâtam müstekıymâ (20) Ve uhrâ lem takdirû aleyhâ kad ehâtallâhü bihâ ve kânellâhü alâ külli şey'in kadîrâ (21) Ve lev kâtelekümüllezîne keferû le vellevül edbâra sümme lâ yecîdûne veliyyev ve lâ nesıyrâ (22) Sünnetellâhilletî kad halet min kabl ve len tecide li sünnetillâhi tebdîlâ (23) Ve hüvellezî keffe eydiyehüm anküm ve eydiyeküm anhüm bi batni mekkete mim ba'di en azferaküm aleyhim ve kânellâhü bi mâ ta'melûne besıyrâ (24) Hümüllezîne keferû ve saddüküm anil mescidil harâmi ve hedye ma'kûfen ey yeblüğa mahılleh

ve eğer bundan önce yaptığınız gibi aksine giderseniz, sizi elem verici bir azap ile cezalandırır." **17-** Âmâya güçlük yok, topala güçlük yok, hastaya da güçlük yok. Bununla beraber her kim Allah'a ve peygamberine itaat ederse, onu altından ırmaklar akan cennetlere koyar. Her kim de aksine giderse, onu da elem verici bir azap ile cezalandırır. **18-** Gerçekten Allah, ağacın altında sana biat ederlerken o mü'minlerden hoşnut oldu. Kalplerinden geçeni bildi de üzerlerine o güveni indirdi ve kendilerini yakın bir fetih ile mükafatlandırdı. **19-** Ve alacakları bir çok ganimetlerle de... Allah çok güçlüdür, hikmet sahibidir. **20-** Allah size bir çok ganimetler vaat buyurdu, onları alacaksınız. Şimdilik bunu size peşin verdi ve sizden o insanların ellerini çekti ki, mü'minlere bir delil olsun ve sizi doğru bir yola çıkarsın. **21-** Henüz elde edemediğiniz, fakat Allah'ın kuşattığı bir diğer-ganimet- daha var ki... Allah, her şeye kadirdir. **22-** Eğer o inkar edenler sizinle çarpışsaydılar, mutlaka arkalarını döneceklerdi. Sonra da ne bir dost bulabilecekler, ne de bir yardımcı. **23-** Allah'ın öteden beri cereyan eden kanunu, ki Allah'ın o kanununda bir değişiklik bulamazsın. **24-** Mekke deresinde onlara karşı size zafer verdikten sonra, onların ellerini sizden, sizin ellerinizi de onlardan çeken O'dur. Allah, yaptıklarınızı görmektedir. **25-** Onlar, inkar edip de sizi Mescid-i Haram'dan ve bekletilmekte bulunan kurbanlık hediyeleri yerine ulaşmaktan alıkoyan kimselerdir.

وَاِنْ تَتَوَلَّوْا كَمَا تَوَلَّيْتُمْ مِنْ قَبْلُ يُعَذِّبْكُمْ عَذَابًا اَلٖيمًا ﴿١٦﴾ لَيْسَ
عَلَى الْاَعْمٰى حَرَجٌ وَلَا عَلَى الْاَعْرَجِ حَرَجٌ وَلَا عَلَى الْمَرٖيضِ
حَرَجٌ ۜ وَمَنْ يُطِعِ اللّٰهَ وَرَسُولَهُ يُدْخِلْهُ جَنَّاتٍ تَجْرٖى مِنْ تَحْتِهَا
الْاَنْهَارُ ۚ وَمَنْ يَتَوَلَّ يُعَذِّبْهُ عَذَابًا اَلٖيمًا ﴿١٧﴾ لَقَدْ رَضِىَ اللّٰهُ عَنِ
الْمُؤْمِنٖينَ اِذْ يُبَايِعُونَكَ تَحْتَ الشَّجَرَةِ فَعَلِمَ مَا فٖى قُلُوبِهِمْ فَاَنْزَلَ
السَّكٖينَةَ عَلَيْهِمْ وَاَثَابَهُمْ فَتْحًا قَرٖيبًا ۙ ﴿١٨﴾ وَمَغَانِمَ كَثٖيرَةً يَاْخُذُونَهَا ۜ
وَكَانَ اللّٰهُ عَزٖيزًا حَكٖيمًا ﴿١٩﴾ وَعَدَكُمُ اللّٰهُ مَغَانِمَ كَثٖيرَةً تَاْخُذُونَهَا
فَعَجَّلَ لَكُمْ هٰذِهٖ وَكَفَّ اَيْدِىَ النَّاسِ عَنْكُمْ ۚ وَلِتَكُونَ اٰيَةً لِلْمُؤْمِنٖينَ
وَيَهْدِيَكُمْ صِرَاطًا مُسْتَقٖيمًا ۙ ﴿٢٠﴾ وَاُخْرٰى لَمْ تَقْدِرُوا عَلَيْهَا قَدْ
اَحَاطَ اللّٰهُ بِهَا ۜ وَكَانَ اللّٰهُ عَلٰى كُلِّ شَىْءٍ قَدٖيرًا ﴿٢١﴾ وَلَوْ قَاتَلَكُمُ
الَّذٖينَ كَفَرُوا لَوَلَّوُا الْاَدْبَارَ ثُمَّ لَا يَجِدُونَ وَلِيًّا وَلَا نَصٖيرًا ﴿٢٢﴾
سُنَّةَ اللّٰهِ الَّتٖى قَدْ خَلَتْ مِنْ قَبْلُ ۚ وَلَنْ تَجِدَ لِسُنَّةِ اللّٰهِ تَبْدٖيلًا ﴿٢٣﴾
وَهُوَ الَّذٖى كَفَّ اَيْدِيَهُمْ عَنْكُمْ وَاَيْدِيَكُمْ عَنْهُمْ بِبَطْنِ مَكَّةَ مِنْ بَعْدِ اَنْ
اَظْفَرَكُمْ عَلَيْهِمْ ۜ وَكَانَ اللّٰهُ بِمَا تَعْمَلُونَ بَصٖيرًا ﴿٢٤﴾ هُمُ الَّذٖينَ كَفَرُوا
وَصَدُّوكُمْ عَنِ الْمَسْجِدِ الْحَرَامِ وَالْهَدْىَ مَعْكُوفًا اَنْ يَبْلُغَ مَحِلَّهُ ۜ

ve lev lâ ricâlüm mü'minûne ve nisâüm mü'minâtül lem ta'lemûhüm en tetaûhüm fe tüsıybeküm minhüm mearratüm bi ğayri ılm li yüdhılellâhü fî rahmetihî mey yeşâ' lev tezeyyelû le azzebnellezîne keferû minhüm azâben elîmâ (25) İz cealellezîne keferû fî kulûbihimül hamiyyete hamiyyetel câhiliyyeti fe enzelellâhü sekînetehû alâ rashulihî ve alel mü'minîne ve elzemehüm kelimetet takvâ ve kânû ehakka bihâ ve ehlehâ ve kânellâhü bi külli şey'in alîmâ (26) Lekad sadekallâhü rasûlehür ru'yâ bil hakk le tedhulünnel mescidel harâme in şâellâhü âmînîne muhallikıyne ruûseküm ve mükâssıriyne lâ tehâfûn fe alime mâ lem ta'lemû fe ceale min dûni zâlike fethan karîbâ (27) Hüvellezî ersele rasûlehû bil hüdâ ve dînil hakkı li yuzhırahhu aled dîni küllih ve kefâ billâhi şehîdâ (28) Muhammedür rasûlüllâh vellezîne meahû eşiddâü alel küffâri ruhamâü beynehum terâhüm rukkean süccedey yebteğûne fadlem minellâhi ve rıdvânâ sîmâhüm fî vücûhihim min eseris sücûd zâlike meselühüm fit tevrâti ve meselehüm fil incîl ke zer'ın ahraca şat'ehû fe âzerahû festağleza festevâ alâ sûkıhî yu'cibüz zürâa li yeğıyza bihimül küffâr vaadellâhüllezîne âmenû ve amilus sâlihâti minhüm mağfiratev ve ecran azıymâ (29)

Eğer kendilerini tanımadığınız bir kısım mü'min erkekler ile mü'min kadınları bilmeyerek çiğneyip de şanınıza o yüzden bir leke gelecek olmasaydı-ellerinizi onlardan çektirmezdi. Allah, dilediğini rahmetine koyacağı için-böyle oldu. Eğer onlar-aradan-çekilebilselerdi, elbette içlerinden o inkar edenleri acıklı bir azaba uğratırdık. 26- O inkar edenler, kalplerinde bulunan o taassubu, cahiliye taassubunu kaynattıkları sırada, işte o vakit Allah, peygamberinin ve mü'minlerin üzerine ferahlık ve emniyetini indirdi, onları takva sözü ile –barış anlaşmasıyla– mükellef tuttu. Zaten onlar, buna daha layık idiler. Evet, Allah her şeyi bilendir. 27- Andolsun ki, Allah gerçekten peygamberine o rüyayı hakkıyla doğru çıkardı. Yemin olsun ki, inşallah Mescid-i Haram'a emniyetler içinde, başlarınızı tıraş etmiş ve kısaltmış olarak, korkusuzca mutlaka gireceksiniz. Fakat sizin bilmediğiniz şeyleri bildi de, ondan önce yakın bir fetih nasip etti. 28- Onu bütün dinlerin üstüne çıkarmak için peygamberini hidayet rehberi ve hak din ile gönderen O'dur. Şahit olarak da Allah yeter. 29- Muhammed, Allah'ın peygamberidir. Onun beraberindekiler ise kafirlere karşı çok çetin, kendi aralarında ise gayet merhametlidirler. Onları, cemaatle rüku yaparak, secde ederek Allah'tan lütuf ve hoşnutluk isterken görürsün. Yüzlerindeki nişâneleri, secdelerin eserindendir. Bu, onların Tevrat'taki vasıflarıdır; İncil'deki vasıfları ise, filizini çıkarmış, derken onu güçlendirmiş, kalınlaşmış, gövdeleri üzerine dikilerek çiftçilerin hoşuna giden bir ekin gibidir ki, onlarla kafirleri öfkelendirmektedir. Onlardan iman edip de hayırlı işler yapanlara Allah, hem bir bağışlama ve hem de büyük bir mükafat vaat buyuruyor.

وَلَوْلَا رِجَالٌ مُؤْمِنُونَ وَنِسَٓاءٌ مُؤْمِنَاتٌ لَمْ تَعْلَمُوهُمْ اَنْ تَطَؤُهُمْ
فَتُصٖيبَكُمْ مِنْهُمْ مَعَرَّةٌ بِغَيْرِ عِلْمٍۚ لِيُدْخِلَ اللّٰهُ فٖي رَحْمَتِهٖ مَنْ يَشَٓاءُۚ
لَوْ تَزَيَّلُوا لَعَذَّبْنَا الَّذٖينَ كَفَرُوا مِنْهُمْ عَذَابًا اَلٖيمًا ﴿٢٥﴾ اِذْ جَعَلَ
الَّذٖينَ كَفَرُوا فٖي قُلُوبِهِمُ الْحَمِيَّةَ حَمِيَّةَ الْجَاهِلِيَّةِ فَاَنْزَلَ اللّٰهُ
سَكٖينَتَهُ عَلٰى رَسُولِهٖ وَعَلَى الْمُؤْمِنٖينَ وَاَلْزَمَهُمْ كَلِمَةَ التَّقْوٰى
وَكَانُٓوا اَحَقَّ بِهَا وَاَهْلَهَاۜ وَكَانَ اللّٰهُ بِكُلِّ شَيْءٍ عَلٖيمًا ﴿٢٦﴾ لَقَدْ
صَدَقَ اللّٰهُ رَسُولَهُ الرُّءْيَا بِالْحَقِّۚ لَتَدْخُلُنَّ الْمَسْجِدَ الْحَرَامَ اِنْ
شَٓاءَ اللّٰهُ اٰمِنٖينَۙ مُحَلِّقٖينَ رُؤُسَكُمْ وَمُقَصِّرٖينَۙ لَا تَخَافُونَۜ فَعَلِمَ مَا
لَمْ تَعْلَمُوا فَجَعَلَ مِنْ دُونِ ذٰلِكَ فَتْحًا قَرٖيبًا ﴿٢٧﴾ هُوَ الَّذٖٓي اَرْسَلَ
رَسُولَهُ بِالْهُدٰى وَدٖينِ الْحَقِّ لِيُظْهِرَهُ عَلَى الدّٖينِ كُلِّهٖۜ وَكَفٰى بِاللّٰهِ
شَهٖيدًاۜ ﴿٢٨﴾ مُحَمَّدٌ رَسُولُ اللّٰهِۜ وَالَّذٖينَ مَعَهُٓ اَشِدَّٓاءُ عَلَى الْكُفَّارِ
رُحَمَٓاءُ بَيْنَهُمْ تَرٰيهُمْ رُكَّعًا سُجَّدًا يَبْتَغُونَ فَضْلًا مِنَ اللّٰهِ وَرِضْوَانًا
سٖيمَاهُمْ فٖي وُجُوهِهِمْ مِنْ اَثَرِ السُّجُودِۜ ذٰلِكَ مَثَلُهُمْ فِي التَّوْرٰيةِۚ
وَمَثَلُهُمْ فِي الْاِنْجٖيلِ كَزَرْعٍ اَخْرَجَ شَطْـَٔهُ فَاٰزَرَهُ فَاسْتَغْلَظَ فَاسْتَوٰى
عَلٰى سُوقِهٖ يُعْجِبُ الزُّرَّاعَ لِيَغٖيظَ بِهِمُ الْكُفَّارَۜ وَعَدَ اللّٰهُ الَّذٖينَ
اٰمَنُوا وَعَمِلُوا الصَّالِحَاتِ مِنْهُمْ مَغْفِرَةً وَاَجْرًا عَظٖيمًا ﴿٢٩﴾

Bismillâhirrahmanirrahîm
Hâ mîm (1) Velkitâbil mübîn (2)
İnnâ enzelnâhü fî leyletin mübâ-
reketin innâ künnâ münzirîn (3)
Fîhâ yüfreku küllü emrin hakîm
(4) Emran min 'indinâ, innâ künnâ
mürsilîn (5) Rahmeten min rab-
bike, innehu hüvessemi'ul'alîm
(6) Rabbissemâvâti vel 'ardı ve mâ
beynehümâ, in küntüm mûkınîn
(7) Lâ ilâhe illâ hüve yuhyî ve yü-
mîtü, rabbiküm ve rabbü âbâikü-
mül'evvelîn (8) Belhüm fî şekkin
yel'abûn (9) Fertekıb yevme te'-
tiyessemâ'ü bidühânim mübîn (10)
Yağşennâse, hâzâ 'azâbün elîm
(11) Rabbenekşif 'annel'azâbe innâ
mü'minûn (12) Ennâ lehümüzzikrâ
ve kad câehüm resûlün mübîn
(13) Sümme tevellev 'anhü ve kâlû
mü'alemün mecnûn (14) İnnâ
kâşifü'lazâbi kaliylen inneküm'âi-
dûn (15) Yevme nebtışülbatşetel-
kübrâ, innâ müntekımûn (16) Ve
lekad fetennâ kablehüm kavme
Fir'avne ve câehüm resûlün kerîm
(17) En eddû ileyye 'ıbâdallahi innî
leküm resûlin emîn (18)

Rahmân ve Rahîm olan Allah'ın adıyla,
1- Hâ, Mîm. 2- Apaçık kitaba yemin
olsun ki, 3- Gerçekten biz onu müba-
rek bir gecede indirdik. Çünkü biz
uyarıcı gönderiyorduk. 4- Bir gece
ki, her hikmetli iş onda ayırt edilir.
5- Tarafımızdan bir emirle. Çünkü
biz, peygamber gönderiyorduk.
6- Rabbinden bir rahmet olarak.
Gerçekten O, hakkıyla işitendir, hak-
kıyla bilendir. 7- O, göklerin, yerin ve
aralarındaki her şeyin Rabbidir; eğer
kesin inanç sahibi iseniz. 8- O'ndan
başka tanrı yoktur; hem diriltir, hem
öldürür. Sizin de Rabbinizdir, önceki
atalarınızın da Rabbidir. 9- Fakat
onlar bir şüphe içinde oynuyor-
lar. 10- O halde, göğün apaçık bir
duman ile geleceği günü gözetle.
11- Ki insanları saracaktır. Bu, gayet
elem verici bir azaptır. 12- Derler ki:
"Ey Rabbimiz! Bizden bu azabı kal-
dır; çünkü biz inanıyoruz." 13- Onlar
için düşünüp ibret almak nerede?
Oysa kendilerine her şeyi apaçık
anlatan bir peygamber de geldi.
14- Sonra onlar döndüler ve "Buna
öğretilmiş, bu deli!"dediler. 15- Biz
o azabı kaldıracağız; fakat siz yine
döneceksiniz. 16- Ama o büyük bir
şiddetle sıkacağımız gün, şüphe-
siz intikam alacağız. 17- Andolsun
ki, onlardan önce de Firavun kav-
mini fitneye düşürdük. Onlara da
şöyle söyleyen şerefli bir peygam-
ber gelmişti; 18- "Allah'ın kullarını
bana teslim edin; çünkü ben, sizin
için güvenilir bir peygamberim."

سُورَةُ الدُّخَانِ

مَكِّيَّةٌ — اٰيَاتُهَا ٥٩

DUHÂN SÛRESİ

بِسْمِ اللّٰهِ الرَّحْمٰنِ الرَّح۪يمِ

حٰمٓ ﴿١﴾ وَالْكِتَابِ الْمُب۪ينِ ﴿٢﴾ اِنَّٓا اَنْزَلْنَاهُ ف۪ي لَيْلَةٍ مُبَارَكَةٍ اِنَّا
كُنَّا مُنْذِر۪ينَ ﴿٣﴾ ف۪يهَا يُفْرَقُ كُلُّ اَمْرٍ حَك۪يمٍ ﴿٤﴾ اَمْرًا مِنْ عِنْدِنَا
اِنَّا كُنَّا مُرْسِل۪ينَ ﴿٥﴾ رَحْمَةً مِنْ رَبِّكَ اِنَّهُ هُوَ السَّم۪يعُ الْعَل۪يمُ
﴿٦﴾ رَبِّ السَّمٰوَاتِ وَالْاَرْضِ وَمَا بَيْنَهُمَا اِنْ كُنْتُمْ مُوقِن۪ينَ ﴿٧﴾
لَٓا اِلٰهَ اِلَّا هُوَ يُحْي۪ وَيُم۪يتُ رَبُّكُمْ وَرَبُّ اٰبَٓائِكُمُ الْاَوَّل۪ينَ ﴿٨﴾
بَلْ هُمْ ف۪ي شَكٍّ يَلْعَبُونَ ﴿٩﴾ فَارْتَقِبْ يَوْمَ تَأْت۪ي السَّمَٓاءُ بِدُخَانٍ
مُب۪ينٍ ﴿١٠﴾ يَغْشَى النَّاسَ هٰذَا عَذَابٌ اَل۪يمٌ ﴿١١﴾ رَبَّنَا اكْشِفْ عَنَّا
الْعَذَابَ اِنَّا مُؤْمِنُونَ ﴿١٢﴾ اَنّٰى لَهُمُ الذِّكْرٰى وَقَدْ جَٓاءَهُمْ رَسُولٌ
مُب۪ينٌ ﴿١٣﴾ ثُمَّ تَوَلَّوْا عَنْهُ وَقَالُوا مُعَلَّمٌ مَجْنُونٌ ﴿١٤﴾ اِنَّا كَاشِفُوا
الْعَذَابِ قَل۪يلًا اِنَّكُمْ عَٓائِدُونَ ﴿١٥﴾ يَوْمَ نَبْطِشُ الْبَطْشَةَ الْكُبْرٰى
اِنَّا مُنْتَقِمُونَ ﴿١٦﴾ وَلَقَدْ فَتَنَّا قَبْلَهُمْ قَوْمَ فِرْعَوْنَ وَجَٓاءَهُمْ رَسُولٌ
كَر۪يمٌ ﴿١٧﴾ اَنْ اَدُّٓوا اِلَيَّ عِبَادَ اللّٰهِ اِنّ۪ي لَكُمْ رَسُولٌ اَم۪ينٌ ﴿١٨﴾

Ve en lâ ta'lû 'alallahi, innî âtiyküm
bisultânin mübîn (19) Ve innî 'uztü
birabbî ve rabbiküm en tercümûn
(20) Ve in lem tü'minü lî fa'tezilûn (21)
Fede'â rabbehu enne lâülâi kav-
mün mücrimûn (22) Feesri bi'ıbâ-
dîleylen inneküm müttebe'ûn (23)
Vetrükilbahre rehven, innehüm cün-
dün muğrekûn (24) Kem terekû min
cennâtiv ve 'uyûn (25) Ve zürû'ın
ve makamin kerîm (26) Ve na'metin
kânû fîhâ fâkihîn (27) Kezâlike ve ev-
resnâhâ kavmen âharîn (28) Femâ
beket 'aleyhimüssemâ'ü vel'ardu
ve mâkânû münzarîn (29) Ve lekad
necceynâ benî İsrâiyle minel'azâbil-
mühîn (30) Min Fir'avne, innehu kâne
'aliyen minel müsrifîn (31) Ve lekad
ıhternâhüm 'alâ ılmin 'alel'âlemîne
(32) Ve âteynâhüm minel'âyâti mâ
fîhi belâüm mübîn (33) İnne hâülâi
le ye kûlûn (34) İn hiye illâ mevtetü-
ne'ûlâ ve mâ nahnü bimünşerîn (35)
Fe'tû biâbâinâ in küntüm sâdikıyn
(36) Ehüm hayrün em kavmü tübbe'-
ın vellezîne min kablihim, ehleknâ-
hüm innehüm kânû mucrimîn (37)
Ve mâ halaknessemâvâti vel'arda
ve mâ beynehümâ lâ'ıbiyn (38) Mâ
halaknâhümâ illâ bilhakkı ve lâ-
kinne ekserehüm lâ ya'lemûn (39)

19- "Allah'a karşı baş kaldırmayın.
Çünkü ben size apaçık bir delil ile geli-
yorum." 20- "Haberiniz olsun ki ben,
sizin beni taşlamanızdan Rabbime
ve Rabbinize sığındım." 21- "Onun
için eğer bana iman etmezseniz, bari
benden uzaklaşın." 22- Sonra da,
"İşte bak, bunlar suçlu bir kavim!"diye
Rabbine dua etti. 23- Allah, "Hemen
kullarımı geceleyin yola çıkar; çünkü
siz takip edileceksiniz." 24- "Denizi
açık bırak. Çünkü onlar, ordu halin-
de gelip boğulacaklar"buyurdu. 25-
Neler terk etmişlerdi; ne bahçeler,
ne kaynaklar! 26- Ne çiftlikler, ne
güzel makamlar! 27- İçinde zevk sür-
dükleri ne nimet ve refah! 28- Evet
işte böyle. Onların hepsini başka bir
kavme miras bıraktık. 29- Netice ola-
rak, ne gök ağladı üzerlerine, ne yer
ve ne de kendilerine mühlet verildi.
30- Andolsun ki, İsrail oğullarını o
aşağılayıcı azaptan biz kurtarmış-
tık. 31- Firavun'dan. Çünkü o, aşırı
gitmekte en ileriydi. 32- Andolsun ki,
biz onları bir bilgi dahilinde âlemler
üzerine seçmiştik. 33- Onlara, içinde
açık bir imtihan bulunan mucizeler
verdik. 34- Fakat onlar şöyle diyorlar;
35- "İlk ölümünüzden başka bir şey
yok ve biz yeniden diriltilecek deği-
liz." 36- "Eğer doğru söylüyorsanız,
haydi getirin babalarımızı." 37- Onlar
mı daha hayırlı, yoksa Tubba' kavmi
ve onlardan öncekiler mi?Onların
hepsini helak ettik; çünkü suçlu idiler.
38- Biz, gökleri, yeri ve aralarındakini
oyun olsun diye yaratmadık. 39- İkisini
de, sadece gerçek bir sebep üzere
yarattık, fakat onların çoğu bilmezler.

وَاَنْ لَا تَعْلُوا عَلَى اللّٰهِۚ اِنّ۪ٓى اٰت۪يكُمْ بِسُلْطَانٍ مُب۪ينٍۚ ﴿١٩﴾ وَاِنّ۪ى عُذْتُ
بِرَبّ۪ى وَرَبِّكُمْ اَنْ تَرْجُمُونِۘ ﴿٢٠﴾ وَاِنْ لَمْ تُؤْمِنُوا ل۪ى فَاعْتَزِلُونِ
﴿٢١﴾ فَدَعَا رَبَّهُٓ اَنَّ هٰٓؤُلَٓاءِ قَوْمٌ مُجْرِمُونَ ﴿٢٢﴾ فَاَسْرِ بِعِبَاد۪ى لَيْلًا
اِنَّكُمْ مُتَّبَعُونَۙ ﴿٢٣﴾ وَاتْرُكِ الْبَحْرَ رَهْوًاۜ اِنَّهُمْ جُنْدٌ مُغْرَقُونَ
﴿٢٤﴾ كَمْ تَرَكُوا مِنْ جَنَّاتٍ وَعُيُونٍۙ ﴿٢٥﴾ وَزُرُوعٍ وَمَقَامٍ كَر۪يمٍۙ ﴿٢٦﴾
وَنَعْمَةٍ كَانُوا ف۪يهَا فَاكِه۪ينَۙ ﴿٢٧﴾ كَذٰلِكَ وَاَوْرَثْنَاهَا قَوْمًا اٰخَر۪ينَ
﴿٢٨﴾ فَمَا بَكَتْ عَلَيْهِمُ السَّمَٓاءُ وَالْاَرْضُ وَمَا كَانُوا مُنْظَر۪ينَ ﴿٢٩﴾
وَلَقَدْ نَجَّيْنَا بَن۪ٓى اِسْرَٓائ۪يلَ مِنَ الْعَذَابِ الْمُه۪ينِۙ ﴿٣٠﴾ مِنْ فِرْعَوْنَۜ
اِنَّهُ كَانَ عَالِيًا مِنَ الْمُسْرِف۪ينَ ﴿٣١﴾ وَلَقَدِ اخْتَرْنَاهُمْ عَلٰى عِلْمٍ
عَلَى الْعَالَم۪ينَۚ ﴿٣٢﴾ وَاٰتَيْنَاهُمْ مِنَ الْاٰيَاتِ مَا ف۪يهِ بَلٰٓؤٌا مُب۪ينٌ ﴿٣٣﴾
اِنَّ هٰٓؤُلَٓاءِ لَيَقُولُونَۙ ﴿٣٤﴾ اِنْ هِيَ اِلَّا مَوْتَتُنَا الْاُو۫لٰى وَمَا نَحْنُ
بِمُنْشَر۪ينَ ﴿٣٥﴾ فَأْتُوا بِاٰبَٓائِنَٓا اِنْ كُنْتُمْ صَادِق۪ينَ ﴿٣٦﴾ اَهُمْ خَيْرٌ اَمْ
قَوْمُ تُبَّعٍۙ وَالَّذ۪ينَ مِنْ قَبْلِهِمْۜ اَهْلَكْنَاهُمْۘ اِنَّهُمْ كَانُوا مُجْرِم۪ينَ
﴿٣٧﴾ وَمَا خَلَقْنَا السَّمٰوَاتِ وَالْاَرْضَ وَمَا بَيْنَهُمَا لَاعِب۪ينَ
﴿٣٨﴾ مَا خَلَقْنَاهُمَٓا اِلَّا بِالْحَقِّ وَلٰكِنَّ اَكْثَرَهُمْ لَا يَعْلَمُونَ ﴿٣٩﴾

İnne yevmelfasli mîkatühüm ecma'ıyn (40) Yevme lâ yuğnî mevlen 'an mevlen şey'en ve lâ hüm yûnsarûn (41) İllâ men rahımallahü, innehu hüvel'azîzür rahîm (42) İnne şeceretez zakkûm (43) Ta'âmül'esîm (44) Kelmühli, yağlî fîlbütûn (45) Keğalyilhamîm (46) Huzûhü fa'tilûhü ilâ sevâil cahıym (47) Sümme subbû fevka re'sihî min 'azâbilhamîm (48) Zük, inneke entel'azîzülkerîm (49) inne hâzâ mâ küntüm bihî temterûn (50) innelmüttekîne fî makamin emîn (51) Fî cennâtiv ve 'uyûn (52) Yelbesûne min sündüsin ve istebrakın mütekâbilîn (53) Kezâlike ve zevvecnâhüm bihûrin 'ıyn (54) Yed'ûne fîhâ bikülli fâkihetin âminîn (55) Lâ yezûkûne fîhelmevte illelmevtetel'ûlâ ve vekâhüm 'azâbelcahîm (56) Fadlen min rabbike, zâlike hüvelfevzü'l azîm (57) Feinnemâ yessernâhü bilisânike le'allehüm yetezekkerûn (58) Fertekıb innehüm mürtekıbûn (59)

40- Haberiniz olsun ki o ayırım günü, hepinizin belirlenmiş vaktidir. 41- O gün, dost dosttan bir şey defedemez ve hiçbir taraftan yardım da alamazlar. 42- Ancak Allah'ın rahmetiyle muamelede bulunduğu başka. Çünkü O, çok güçlüdür, çok merhametlidir. 43- Şüphesiz ki o zakkum ağacı, 44- Günahkarların yemeğidir. 45- Erimiş bakır gibi karınlarında kaynar. 46- Sımsıcak suyun kaynaması gibi. 47- Onu yaka paça tutun da, cehennemin ortasına sürükleyin. 48- Sonra da başının üstüne kaynar su azabından dökün. 49- "Tat bakalım! Çünkü sen, güçlüydün, şerefliydin."deyin. 50- İşte sizin şüphe ettiğiniz ve karşı geldiğiniz şey budur. 51- Elbette Allah'tan korkanlar, güvenli bir makamdadırlar. 52- Cennetlerde, pınar başlarında.53- Atlastan ve parlak ipekten elbiseler giyerek karşı karşıya –otururlar. 54- Evet böyle; hem onları iri gözlü hurilerle evlendirmişizdir. 55- Orada emniyet içinde, her türlü yemişi isteyip getirtirler. 56- İlk ölümden başka ölüm tatmazlar ve onları cehennem azabından korumuştur. 57- Hepsi Rabbinden bir lütuf olarak. İşte büyük kurtuluş ancak budur. 58- Biz onu, belki iyice düşünürler diye yalnız senin lisanınla kolaylaştırdık. 59- O halde bekle; çünkü onlar da bekliyorlar.

اِنَّ يَوْمَ الْفَصْلِ مِيقَاتُهُمْ اَجْمَعِينَۙ ﴿٤٠﴾ يَوْمَ لَا
يُغْن۪ي مَوْلًى عَنْ مَوْلًى شَيْـًٔا وَلَا هُمْ يُنْصَرُونَۙ ﴿٤١﴾
اِلَّا مَنْ رَحِمَ اللّٰهُۜ اِنَّهُ هُوَ الْعَز۪يزُ الرَّح۪يمُ ﴿٤٢﴾ اِنَّ
شَجَرَتَ الزَّقُّومِۙ ﴿٤٣﴾ طَعَامُ الْاَث۪يمِۚ ﴿٤٤﴾ كَالْمُهْلِۚ يَغْل۪ي
فِي الْبُطُونِۙ ﴿٤٥﴾ كَغَلْيِ الْحَم۪يمِ ﴿٤٦﴾ خُذُوهُ فَاعْتِلُوهُ
اِلٰى سَوَٓاءِ الْجَح۪يمِۗ ﴿٤٧﴾ ثُمَّ صُبُّوا فَوْقَ رَاْسِه۪ مِنْ
عَذَابِ الْحَم۪يمِۜ ﴿٤٨﴾ ذُقْۚ اِنَّكَ اَنْتَ الْعَز۪يزُ الْكَر۪يمُ
﴿٤٩﴾ اِنَّ هٰذَا مَا كُنْتُمْ بِه۪ تَمْتَرُونَ ﴿٥٠﴾ اِنَّ الْمُتَّق۪ينَ
ف۪ي مَقَامٍ اَم۪ينٍۙ ﴿٥١﴾ ف۪ي جَنَّاتٍ وَعُيُونٍۚ ﴿٥٢﴾ يَلْبَسُونَ مِنْ
سُنْدُسٍ وَاِسْتَبْرَقٍ مُتَقَابِل۪ينَۚ ﴿٥٣﴾ كَذٰلِكَ وَزَوَّجْنَاهُمْ
بِحُورٍ ع۪ينٍۜ ﴿٥٤﴾ يَدْعُونَ ف۪يهَا بِكُلِّ فَاكِهَةٍ اٰمِن۪ينَۙ
﴿٥٥﴾ لَا يَذُوقُونَ ف۪يهَا الْمَوْتَ اِلَّا الْمَوْتَةَ الْاُولٰىۚ
وَوَقٰيهُمْ عَذَابَ الْجَح۪يمِۙ ﴿٥٦﴾ فَضْلًا مِنْ رَبِّكَۜ ذٰلِكَ
هُوَ الْفَوْزُ الْعَظ۪يمُ ﴿٥٧﴾ فَاِنَّمَا يَسَّرْنَاهُ بِلِسَانِكَ
لَعَلَّهُمْ يَتَذَكَّرُونَ ﴿٥٨﴾ فَارْتَقِبْ اِنَّهُمْ مُرْتَقِبُونَ ﴿٥٩﴾

Bismillâhirrahmanirrahîm

İzâ veka'ati'l-vâkı'ah (1) Leyse li-vak'atihâ kâzibeh (2) Hâfidatün râfi'ah (3) İzâ rücceti'l-ardu reccâ (4) Ve büsseti'l-cibâlü bessâ (5) Fekânet hebâen münbessâ (6) Ve küntüm ezvâcen selâseh (7) Fe-ashâbü'l-meymeneti mâ ashâbü'l meymeneh (8) Ve ashâbü'l-meş'-emeti mâ ashâbü'l-meş'emeh (9) Vessâbikûn essâbikûn (10) Ülâike'l-Mukarrabûn (11) Fî cennâtin naîm (12) Sülletün mine'l-evvelîn (13) Ve kalîlün mine'l-âhırîn (14) 'Alâ sürurin mevdûneh (15) Müttekiîne 'aleyhâ mütekâbilîn (16) Yetûfü 'aleyhim vildânün muhalledûn (17) Biekvâbin ve ebârîka ve ke'sin min ma'iyn (18) Lâ yusaddeûne anhâ velâ yünzifûn (19) Ve fakihetin mimmâ yetehayyerûn (20) Ve lahmi tayrin mimmâ yeştehûn (21) Ve hûrun în (22) Keemsâli'l-lü'lüil-meknûn (23) Cezâen bimâ kânû ya'melûn (24) Lâ yesme'ûne fîhâ lağven ve lâ te'sîymâ (25) İllâ kîlen selâmen selâmâ (26) Ve ashâbü'l-yemîni mâ ashâbü'l-yemîn (27) Fî sidrin mahdûd (28) Ve talhın mendûd (29) Ve zıllin memdûd (30) Ve mâin meskûb (31) Ve fâkihetin kesîrah (32)

Rahmân ve Rahîm olan Allah'ın adıyla, 1- O kıyamet bir koptuğu zaman, 2- Onun meydana gelişine "Yalan"diyen dil olmaz. 3- Kimini alçaltır, kimini yükseltir. 4- Yeryüzü şiddetle sarsıldığı, 5- Dağlar bir serpilişle serpildiği, 6- Hepsi dağılıp, toz duman halinde hebâ olduğu zaman, 7- Siz, üç sınıf olacaksınız; 8- Sağda, "Sağcılar-Amel defterini sağdan alanlar." Sağcılar, ne de bahtiyardır! 9- Solda ise, "Solcular-Amel defterini soldan alanlar." Solcular, ne de bahtsızdır! 10- İleride ise, iyilikte ileri olanlar. İşte o ileri de olanlar, 11- Onlar, Allah'a yakın olanlardır. 12- Naim cennetlerindedirler. 13- Çoğu evvelkilerden. 14- Biraz da sonrakilerden. 15- Mücevherlerle işlemeli tahtlar üstündedirler. 16- Karşı karşıya kurulmuşlar. 17- Çevrelerinde, daima aynı halde kalan genç hizmetçiler dolaşır. 18- Cennet şerbeti ile doldurulmuş küpler, ibrikler ve kadehlerle. 19- Ondan dolayı ne başları ağrır, ne de akılları başlarından gider. 20- Beğendikleri meyveler, 21- İstedikleri kuş eti, 22- İri gözlü huriler, 23- Saklı inci emsali gibi, 24- Yaptıkları işlere mükafat olarak. 25- Orada ne bir boş laf işitirler, ne de günaha sokacak bir söz. 26- İşittikleri söz, sadece "Selâm, selâm!" 27- Sağcılar, ne mutlu o defterini sağdan alanlara! 28- Dal bastı kirazlar, 29- Salkım salkım muzlar içinde, 30- Uzanmış bir gölge, 31- Çağlayan bir su, 32- Bir çok meyveler,

سُورَةُ الْوَاقِعَةِ

مَكِّيَّةٌ اٰيَاتُهَا ٩٦

VAKIA SÛRESİ

بِسْمِ اللّٰهِ الرَّحْمٰنِ الرَّحٖيمِ

اِذَا وَقَعَتِ الْوَاقِعَةُ ﴿١﴾ لَيْسَ لِوَقْعَتِهَا كَاذِبَةٌ ﴿٢﴾ خَافِضَةٌ رَافِعَةٌ ﴿٣﴾ اِذَا
رُجَّتِ الْاَرْضُ رَجًّا ﴿٤﴾ وَبُسَّتِ الْجِبَالُ بَسًّا ﴿٥﴾ فَكَانَتْ هَبَاءً مُنْبَثًّا
﴿٦﴾ وَكُنْتُمْ اَزْوَاجًا ثَلٰثَةً ﴿٧﴾ فَاَصْحَابُ الْمَيْمَنَةِ مَا اَصْحَابُ الْمَيْمَنَةِ ﴿٨﴾
وَاَصْحَابُ الْمَشْـَٔمَةِ مَا اَصْحَابُ الْمَشْـَٔمَةِ ﴿٩﴾ وَالسَّابِقُونَ السَّابِقُونَ ﴿١٠﴾
اُولٰٓئِكَ الْمُقَرَّبُونَ ﴿١١﴾ فٖى جَنَّاتِ النَّعٖيمِ ﴿١٢﴾ ثُلَّةٌ مِنَ الْاَوَّلٖينَ ﴿١٣﴾ وَقَلٖيلٌ
مِنَ الْاٰخِرٖينَ ﴿١٤﴾ عَلٰى سُرُرٍ مَوْضُونَةٍ ﴿١٥﴾ مُتَّكِـٖٔينَ عَلَيْهَا مُتَقَابِلٖينَ ﴿١٦﴾
يَطُوفُ عَلَيْهِمْ وِلْدَانٌ مُخَلَّدُونَ ﴿١٧﴾ بِاَكْوَابٍ وَاَبَارٖيقَ وَكَاْسٍ مِنْ مَعٖينٍ ﴿١٨﴾
لَا يُصَدَّعُونَ عَنْهَا وَلَا يُنْزِفُونَ ﴿١٩﴾ وَفَاكِهَةٍ مِمَّا يَتَخَيَّرُونَ ﴿٢٠﴾ وَلَحْمِ طَيْرٍ
مِمَّا يَشْتَهُونَ ﴿٢١﴾ وَحُورٌ عٖينٌ ﴿٢٢﴾ كَاَمْثَالِ اللُّؤْلُؤِ الْمَكْنُونِ ﴿٢٣﴾ جَزَاءً بِمَا
كَانُوا يَعْمَلُونَ ﴿٢٤﴾ لَا يَسْمَعُونَ فٖيهَا لَغْوًا وَلَا تَاْثٖيمًا ﴿٢٥﴾ اِلَّا قٖيلًا سَلَامًا
سَلَامًا ﴿٢٦﴾ وَاَصْحَابُ الْيَمٖينِ مَا اَصْحَابُ الْيَمٖينِ ﴿٢٧﴾ فٖى سِدْرٍ مَخْضُودٍ ﴿٢٨﴾
وَطَلْحٍ مَنْضُودٍ ﴿٢٩﴾ وَظِلٍّ مَمْدُودٍ ﴿٣٠﴾ وَمَاءٍ مَسْكُوبٍ ﴿٣١﴾ وَفَاكِهَةٍ كَثٖيرَةٍ ﴿٣٢﴾

Lâ maktû'atin ve lâ memnû'ah (33) Ve füruşin merfû'ah (34) İnnâ enşe'nahünne inşââ (35) Fece'alnâhünne ebkârâ (36) Uruben etrâbâ (37) Liashâbi'l yemîn (38) Sülletün mine'l evvelîn (39) Ve sülletün mine'l âhırîn (40) Ve ashâbü'ş şimâli mâ ashâbü'ş şimâl (41) Fî semûmin ve hamîm (42) Ve zıllin min yehmûm (43) Lâ bâridin ve lâ kerîm (44) İnnehüm kânû kable zâlike mütrefîn (45) Ve kânû yusırrûne 'ale'l hınsi'l azîm (46) Ve kânû yekûlûne eizâ mitnâ ve künnâ türâben ve 'ızâmen einnâ lemeb'ûsûn (47) Eve âbâüne'l evvelûn (48) Kul inne'l evvelîne ve'l âhırîn (49) Lemecmû'ûne ilâ mikati yevmin ma'lûm (50) Sümme inneküm eyyüheddâllûne'l mükezzibûn (51) Leâkilûne min şecerin min zakkûm (52) Femâliûne minhelbütûn (53) Feşâribûne 'aleyhi mine'l hamîm (54) Feşâribûne şürbe'l hîm (55) Hâzâ nüzülühüm yevmeddîn (56) Nahnü halaknâküm felevlâ tüsaddikûn (57) Efereeytüm mâ tümnûn (58) Eentüm tahlükûnehû em nahnü'l hâlikûn (59) Nahnü kaddernâ beynekümül mevte ve mâ nahnü bimesbûkîn (60) 'Alâ en nübeddile emsâleküm ve nünşieküm fî mâ lâ ta'lemûn (61) Ve lekad 'alimtümün neş'ete'l ûlâ felevlâ tezekkerûn (62) Eferaeytüm mâ tahrüsûn (63) Eentüm tezre'ûnehû em nahnüzzâri'ûn (64) Lev neşâû lece'alnâhü hutâmen fezaltüm tefekkehûn (65) İnnâ lemuğremûn (66) Bel nahnü mahrûmûn (67)

33- Ne eksilir, ne de yasaklanır. 34- Yüksek döşekler, 35- Biz onları yeniden inşa etmişizdir. 36- Onları bakire yapmışızdır. 37- Kocalarına âşık, hep aynı yaşta, 38- Sağcılar –amel defterini sağdan alanlar- için. 39- Bir çoğu evvelkilerden. 40- Bir çoğu da sonrakilerden. 41- Solcular, ne bedbahtır o defterini soldan alanlar! 42- İçlerine işleyen bir hararet ve kaynar bir su içinde, 43- Simsiyah ve boğucu dumandan bir gölge içinde, 44- Ne serin, ne de rahatlatıcı. 45- Çünkü onlar, bundan önce keyiflerine düşkün, şımarık müsriflerdi. 46- Büyük günahta ısrar ediyorlardı. 47- Diyorlardı ki: "Öldüğümüz, toprak ve bir yığın kemik olduğumuz zaman mı, gerçekten biz mi mutlaka diriltileceğiz?" 48- "Ya önceki atalarımızda mı?" 49- De ki: "Muhakkak, öncekilerin ve sonrakilerin hepsi." 50- "Malum bir günün, muayyen bir vaktinde mutlaka toplanacaklar." 51- Sonra siz, ey sapık inkarcılar! 52- Mutlaka bir ağaçtan, zakkumdan yersiniz. 53- Karınlarınızı onunla doldurursunuz. 54- Üstüne o kaynar sudan içersiniz. 55- Susuzluk illetine tutulmuş, kanmak bilmez develer gibi içersiniz. 56- İşte bu, ceza gününde onların ağırlanışlarıdır. 57- Sizi biz yarattık, hâlâ tasdik etmeyecek misiniz? 58- Artık gördünüz mü o döktüğünüz meniyi? 59- Siz mi yaratıyorsunuz onu, yoksa yaratan biz mi? 60- Aranızda ölümü biz takdir ettik ve bizim önümüze geçilmez. 61- Kılıklarınızı değiştirmek ve sizi bilemeyeceğiniz bir yaratma ile yeniden yaratmak üzereyiz. 62- Herhalde ilk yaratılışı biliyorsunuz, o halde düşünsenize! 63- Şimdi gördünüz mü, o ektiğiniz tohumu? 64- Siz mi bitiriyorsunuz onu, yoksa bitiren biz mi? 65- Eğer isteseydik, onları elbette bir çöpe çevirirdik de, şöyle geveler dururdunuz; 66- "Şüphesiz çok zarardayız,"

لَا مَقْطُوعَةٍ وَلَا مَمْنُوعَةٍ ﴿٣٣﴾ وَفُرُشٍ مَرْفُوعَةٍ ﴿٣٤﴾ اِنَّٓا اَنْشَأْنَاهُنَّ اِنْشَٓاءً
﴿٣٥﴾ فَجَعَلْنَاهُنَّ اَبْكَارًا ﴿٣٦﴾ عُرُبًا اَتْرَابًا ﴿٣٧﴾ لِاَصْحَابِ الْيَمٖينِ ﴿٣٨﴾ ثُلَّةٌ
مِنَ الْاَوَّلٖينَ ﴿٣٩﴾ وَثُلَّةٌ مِنَ الْاٰخِرٖينَ ﴿٤٠﴾ وَاَصْحَابُ الشِّمَالِ مَٓا اَصْحَابُ
الشِّمَالِ ﴿٤١﴾ فٖي سَمُومٍ وَحَمٖيمٍ ﴿٤٢﴾ وَظِلٍّ مِنْ يَحْمُومٍ ﴿٤٣﴾ لَا بَارِدٍ وَلَا
كَرٖيمٍ ﴿٤٤﴾ اِنَّهُمْ كَانُوا قَبْلَ ذٰلِكَ مُتْرَفٖينَ ﴿٤٥﴾ وَكَانُوا يُصِرُّونَ عَلَى
الْحِنْثِ الْعَظٖيمِ ﴿٤٦﴾ وَكَانُوا يَقُولُونَ اَئِذَا مِتْنَا وَكُنَّا تُرَابًا وَعِظَامًا
ءَاِنَّا لَمَبْعُوثُونَ ﴿٤٧﴾ اَوَ اٰبَٓاؤُنَا الْاَوَّلُونَ ﴿٤٨﴾ قُلْ اِنَّ الْاَوَّلٖينَ وَالْاٰخِرٖينَ
﴿٤٩﴾ لَمَجْمُوعُونَ اِلٰى مٖيقَاتِ يَوْمٍ مَعْلُومٍ ﴿٥٠﴾ ثُمَّ اِنَّكُمْ اَيُّهَا الضَّٓالُّونَ
الْمُكَذِّبُونَ ﴿٥١﴾ لَاٰكِلُونَ مِنْ شَجَرٍ مِنْ زَقُّومٍ ﴿٥٢﴾ فَمَالِؤُنَ مِنْهَا الْبُطُونَ ﴿٥٣﴾
فَشَارِبُونَ عَلَيْهِ مِنَ الْحَمٖيمِ ﴿٥٤﴾ فَشَارِبُونَ شُرْبَ الْهٖيمِ ﴿٥٥﴾ هٰذَا نُزُلُهُمْ
يَوْمَ الدّٖينِ ﴿٥٦﴾ نَحْنُ خَلَقْنَاكُمْ فَلَوْلَا تُصَدِّقُونَ ﴿٥٧﴾ اَفَرَاَيْتُمْ مَا تُمْنُونَ
﴿٥٨﴾ ءَاَنْتُمْ تَخْلُقُونَهُٓ اَمْ نَحْنُ الْخَالِقُونَ ﴿٥٩﴾ نَحْنُ قَدَّرْنَا بَيْنَكُمُ الْمَوْتَ
وَمَا نَحْنُ بِمَسْبُوقٖينَ ﴿٦٠﴾ عَلٰٓى اَنْ نُبَدِّلَ اَمْثَالَكُمْ وَنُنْشِئَكُمْ فٖي مَا لَا
تَعْلَمُونَ ﴿٦١﴾ وَلَقَدْ عَلِمْتُمُ النَّشْاَةَ الْاُولٰى فَلَوْلَا تَذَكَّرُونَ ﴿٦٢﴾ اَفَرَاَيْتُمْ مَا
تَحْرُثُونَ ﴿٦٣﴾ ءَاَنْتُمْ تَزْرَعُونَهُٓ اَمْ نَحْنُ الزَّارِعُونَ ﴿٦٤﴾ لَوْ نَشَٓاءُ لَجَعَلْنَاهُ
حُطَامًا فَظَلْتُمْ تَفَكَّهُونَ ﴿٦٥﴾ اِنَّا لَمُغْرَمُونَ ﴿٦٦﴾ بَلْ نَحْنُ مَحْرُومُونَ ﴿٦٧﴾

Efereeytümülmâellezî teşrebûn (68)
Eentüm enzeltümûhü minelmüzni
em nahnü'l-münzilûn (69) Lev neşâü
ce'alnâhü ücâcen felevlâ teşkürûn
(70) Efereeytümün nâre'l-letî tûrûn (71)
Eentüm enşe'tüm şeceretehâ em
nahnülmünşiûn (72) Nahnü ce'alnâha
tezkireten ve metâ'an li'l-mukvîn (73)
Fesebbih bismi Rabbike'l-A'zim (74)
Felâ uksimü bimevâkı'ınnücûm (75)
Ve innehû lekasemün lev ta'lemûne
'azîm (76) İnnehû le-Kur'ânün Kerîm
(77) Fî kitâbin meknûn (78) Lâ yemes-
sühû illelmutahherûn (79) Tenzîlün
min Rabbi'l-Âlemîn (80) Efebihâzel-
hadîsi entüm müdhınûn (81) Ve tec'a-
lûne rizkaküm enneküm tükezzibûn
(82) Felevlâ izâ beleğati'l-hulkûm (83)
Ve entüm hîneizin tenzurûn (84) Ve
nahnü akrebu ileyhi minküm ve lâ-
kin lâ tübsırûn (85) Felevlâ in küntüm
ğayre medînîn (86) Terci'ûnehâ in
küntüm sâdikîn (87) Feemmâ in kâne
mine'l-mukarrebîn (88) Ferevhun ve
reyhânün ve cennetü na'îm (89) Ve
emmâ in kâne min ashâbi'l yemîn
(90) Feselâmün leke min ashâbi'l-
yemîn (91) Ve emmâ in kâne mine'l-
mükezzibîneddâllîn (92) Fenüzülün
min hamîm (93) Ve tasliyetü cahîm
(94) İnne hâzâ lehüve hakku'l yakîn
(95) Fesebbih bismi rabbike'l-'Azim (96)

67- "Daha doğrusu büsbütün mahrum bırakıldık!" 68- Şimdi gördünüz mü, o içtiğiniz suyu? 69- Siz mi indiriyorsunuz onu buluttan, yoksa indiren biz mi? 70- Dilesek onu acı bir çorak yapardık. O halde şükretsenize! 71- Bir de gördünüz mü o çaktığınız ateşi? 72- Siz mi yarattınız onun ağacını, yoksa yaratan biz mi? 73- Biz onu, hem bir ibret ve hem de sahradaki muhtaçlar için yararlı kıldık. 74- O halde Rabbini, o büyük adıyla tesbih et. 75- Artık hayır...O yıldızların yerlerine yemin ederim. 76- Bilseniz o, gerçekten çok büyük bir yemindir. 77- Doğrusu o, şerefli bir Kur'an'dır. 78- Korunan bir kitaptadır. 79- Ona, tertemiz temizlenmiş olanlardan başkası el süremez. 80- Âlemlerin Rabbinden indirilmedir. 81- Şimdi siz, bu söze yağ mı süreceksiniz- hürmetsizlik edip kirletecek misiniz? 82- Rızkınızı-nasibinizi-yalanlamaktan ibaret mi kılacaksınız? 83- Artık can boğaza geldiği zaman, 84- Siz o vakit, bakar durursunuz. 85- Biz ise, ona sizden daha yakınızdır, ama göremezsiniz. 86- Haydi, eğer dine boyun eğmeyecek, ceza çekmeyecekseniz, 87- Onu geri çevirsenize! Eğer iddianızda doğru iseniz! 88- Ama o, eğer Allah'a yakın olanlardan ise, 89- Artık bir rahatlık, güzel bir rızık ve naîm cenneti vardır. 90- Ama sağcılardan-amel defterini sağdan alanlardan- ise, 91- Artık sana, sağcılardan selâm-denilecektir. 92- Ama o, yalanlayan sapıklardan ise, 93- Şüphesiz, ağırlanışı kaynar su ile olacaktır. 94- Yaslanacağı da cehennemdir. 95- İşte bu, kesin hakikat budur. 96- Haydi, Rabbini yüce ismiyle tesbih et.

اَفَرَاَيْتُمُ الْمَٓاءَ الَّذٖى تَشْرَبُونَۜ ﴿٦٨﴾ ءَاَنْتُمْ اَنْزَلْتُمُوهُ مِنَ الْمُزْنِ اَمْ نَحْنُ
الْمُنْزِلُونَ ﴿٦٩﴾ لَوْ نَشَٓاءُ جَعَلْنَاهُ اُجَاجًا فَلَوْلَا تَشْكُرُونَ ﴿٧٠﴾ اَفَرَاَيْتُمُ
النَّارَ الَّتٖى تُورُونَۜ ﴿٧١﴾ ءَاَنْتُمْ اَنْشَاْتُمْ شَجَرَتَهَٓا اَمْ نَحْنُ الْمُنْشِؤُ۫نَ ﴿٧٢﴾
نَحْنُ جَعَلْنَاهَا تَذْكِرَةً وَمَتَاعًا لِلْمُقْوٖينَۚ ﴿٧٣﴾ فَسَبِّحْ بِاسْمِ رَبِّكَ الْعَظٖيمِ ع
﴿٧٤﴾ فَلَٓا اُقْسِمُ بِمَوَاقِعِ النُّجُومِۙ ﴿٧٥﴾ وَاِنَّهُ لَقَسَمٌ لَوْ تَعْلَمُونَ عَظٖيمٌۙ ﴿٧٦﴾
اِنَّهُ لَقُرْاٰنٌ كَرٖيمٌۙ ﴿٧٧﴾ فٖى كِتَابٍ مَكْنُونٍۙ ﴿٧٨﴾ لَا يَمَسُّهُٓ اِلَّا الْمُطَهَّرُونَۜ
﴿٧٩﴾ تَنْزٖيلٌ مِنْ رَبِّ الْعَالَمٖينَ ﴿٨٠﴾ اَفَبِهٰذَا الْحَدٖيثِ اَنْتُمْ مُدْهِنُونَۙ
﴿٨١﴾ وَتَجْعَلُونَ رِزْقَكُمْ اَنَّكُمْ تُكَذِّبُونَ ﴿٨٢﴾ فَلَوْلَٓا اِذَا بَلَغَتِ
الْحُلْقُومَۙ ﴿٨٣﴾ وَاَنْتُمْ حٖينَئِذٍ تَنْظُرُونَۙ ﴿٨٤﴾ وَنَحْنُ اَقْرَبُ اِلَيْهِ
مِنْكُمْ وَلٰكِنْ لَا تُبْصِرُونَ ﴿٨٥﴾ فَلَوْلَٓا اِنْ كُنْتُمْ غَيْرَ مَدٖينٖينَۙ ﴿٨٦﴾
تَرْجِعُونَهَٓا اِنْ كُنْتُمْ صَادِقٖينَ ﴿٨٧﴾ فَاَمَّٓا اِنْ كَانَ مِنَ الْمُقَرَّبٖينَۙ
﴿٨٨﴾ فَرَوْحٌ وَرَيْحَانٌ وَجَنَّتُ نَعٖيمٍ ﴿٨٩﴾ وَاَمَّٓا اِنْ كَانَ مِنْ اَصْحَابِ
الْيَمٖينِۙ ﴿٩٠﴾ فَسَلَامٌ لَكَ مِنْ اَصْحَابِ الْيَمٖينِ ﴿٩١﴾ وَاَمَّٓا اِنْ كَانَ مِنَ
الْمُكَذِّبٖينَ الضَّٓالّٖينَۙ ﴿٩٢﴾ فَنُزُلٌ مِنْ حَمٖيمٍۙ ﴿٩٣﴾ وَتَصْلِيَةُ جَحٖيمٍ
﴿٩٤﴾ اِنَّ هٰذَا لَهُوَ حَقُّ الْيَقٖينِۚ ﴿٩٥﴾ فَسَبِّحْ بِاسْمِ رَبِّكَ الْعَظٖيمِ ﴿٩٦﴾

Okunuşu:

Bismillâhirrahmanirrahîm

Âmener' resûlü bimâ ünzile ileyhi min rabbihî vel mü'minûn. Küllün âmene billâhi ve melâiketihî ve kütübihî ve rusulih. Lâ nüferriku beyne ehadin min rûsulihî. Ve kâlû semi'nâ ve eta'nâ gufrâneke rabbenâ ve ileykel'masîr. 285

Lâ yükellifüllâhü nefsen illâ vüs'ahâ. Lehâ mâ kesebet ve aleyha mektesebet. Rabbenâ lâ tüâhıznâ innesînâ ev ahta'nâ. Rabbenâ ve lâ tahmil aleynâ isran kemâ hameltehû ale'lezîne min kablinâ. Rabbenâ velâ tühammilnâ mâ lâ tâkatelenâ bih. Va'fü annâ, vağfirlenâ, verhamnâ, ente mevlânâ fen'surnâ ale'l kavmi'l kâfirîn. 286

Meali:

Rahmân ve Rahîm olan Allah'ın adıyla

285- Peygamber kendine Allâhü teâlâ tarfından nâzil olan Kur'ân'a imân etti. Mü'minlerin cümlesi de Allâhü Azîmüşşân'a, meleklerine, kitaplarına ve peygamberlerine imân ettiler ve imân hususunda biz Resûlleri birbirinden ayırd etmeyiz. Ey Rabbimiz, biz Senden gelen Kur'ân'ın ahkâmını duyduk, ona icabet ve itâat ettik; mağfiretini isteriz, dönüşümüz ancak Sana'dır dediler.

286- Allâh, hiçbir kimseyi gücünün yettiğinin üstünde bir külfetle mükellef kılmaz. Herkesin kesbettiği hayır kendine ait ve iktisap ettiği her şer de nefsine râcidir.

Mü'minler: "Ey Rabbimiz, unutursak, hata edersek bizi hesaba çekme; ey Rabbimiz, bizden evvelki ümmetlere yüklediğin ağır külfetler gibi bize ağır yük yükleme; ey Rabbimiz, tâkatımızın yetmediği külfetler (ukûbat, ceza) ve belâyı bize yükleme, günâhlarımızı afvet ve bizi bağışla, bize merhamet et; Sen bizim Mevlâmızsın; kâfirlere karşı bize yardım et." dediler.

ÂMEN'ER-RASÛLÜ

بِسْمِ اللّٰهِ الرَّحْمٰنِ الرَّحِيمِ

اٰمَنَ الرَّسُولُ بِمَٓا اُنْزِلَ اِلَيْهِ مِنْ رَبِّهٖ وَالْمُؤْمِنُونَؕ
كُلٌّ اٰمَنَ بِاللّٰهِ وَمَلٰٓئِكَتِهٖ وَكُتُبِهٖ وَرُسُلِهٖؕ لَا نُفَرِّقُ بَيْنَ
اَحَدٍ مِنْ رُسُلِهٖ وَقَالُوا سَمِعْنَا وَاَطَعْنَا غُفْرَانَكَ رَبَّنَا
وَاِلَيْكَ الْمَصِيرُ ﴿٢٨٥﴾ لَا يُكَلِّفُ اللّٰهُ نَفْسًا اِلَّا وُسْعَهَاؕ
لَهَا مَا كَسَبَتْ وَعَلَيْهَا مَا اكْتَسَبَتْؕ رَبَّنَا لَا تُؤَاخِذْنَٓا
اِنْ نَسِينَٓا اَوْ اَخْطَأْنَاۚ رَبَّنَا وَلَا تَحْمِلْ عَلَيْنَٓا اِصْرًا
كَمَا حَمَلْتَهُ عَلَى الَّذِينَ مِنْ قَبْلِنَاۚ رَبَّنَا وَلَا تُحَمِّلْنَا
مَا لَا طَاقَةَ لَنَا بِهٖۚ وَاعْفُ عَنَّا وَاغْفِرْ لَنَا وَارْحَمْنَا
اَنْتَ مَوْلٰينَا فَانْصُرْنَا عَلَى الْقَوْمِ الْكَافِرِينَ ﴿٢٨٦﴾

Bakara Sûresi
285 - 286

AYET'EL-KÜRSİ

Bakara Sûresi (255)

بِسْمِ اللّٰهِ الرَّحْمٰنِ الرَّح۪يمِ

اَللّٰهُ لَٓا اِلٰهَ اِلَّا هُوَۚ اَلْحَيُّ الْقَيُّومُۚ لَا تَأْخُذُهُ
سِنَةٌ وَلَا نَوْمٌۜ لَهُ مَا فِي السَّمٰوَاتِ وَمَا
فِي الْاَرْضِۜ مَنْ ذَا الَّذ۪ي يَشْفَعُ عِنْدَهُٓ اِلَّا
بِاِذْنِه۪ۜ يَعْلَمُ مَا بَيْنَ اَيْد۪يهِمْ وَمَا خَلْفَهُمْۚ وَلَا
يُح۪يطُونَ بِشَيْءٍ مِنْ عِلْمِه۪ٓ اِلَّا بِمَا شَٓاءَۚ
وَسِعَ كُرْسِيُّهُ السَّمٰوَاتِ وَالْاَرْضَۚ وَلَا
يَؤُ۫دُهُ حِفْظُهُمَاۚ وَهُوَ الْعَلِيُّ الْعَظ۪يمُ ٢٥٥

Okunuşu:

Bismillâhirrahmânirrahîm Allâhü lâ ilâhe illâ Hüve'l Hayyül Kayyûm, lâ te'huzühû sinetün velâ nevm, lehû mâ fissemâvâti ve mâ fil ard, men zellezî yeşfeu indehû illâ biiznih, ya'lemu mâ beyne eydîhim ve mâ halfehüm, ve lâ yuhîtûne bişey'in min ilmihî illâ bimâ şâ'e, vesia kürsiyyühüssemâvâti vel'ard, velâ yeûdühû hıfzuhümâ ve Hüvel Aliyyül Aziym. 255

Meali: 255- Allah, O Allah'tır ki kendinden başka hiç bir Allah yoktur. O zâtî, ezelî ve ebedî hayat ile diridir bakîdır. Zâtiyle ve kemâliyle kaaimdir. Yaratdıklarının her an tedbir ve hıfzında yegâne haakimdir, herşey O'nunla kaaimdir. O'nu ne bir uyuklama tutabilir, ne de bir uyku, Göklerde ne var, yerde ne var hepsi O'nun, O'nun izni olmadıkça nezdinde şefâat edecek kimmiş? O yarattıklarının önündekilerini, arkalarındakini; yaptıklarını, yapacaklarını, bildiklerini, bilmediklerini, açıkladıklarını, gizlediklerini, dünyalarını, âhiretlerini, hulâsa her şey'ini bilir. Mahlukâtı O'nun ilminden yalnız, kendisinin dilediğinden başka hiç birşeyi kaabil değil kavrayamazlar. O'nun kürsüsü gökleri ve yeri kucaklamıştır, o kadar Vâsi'dir. Bunların nigehbanlığı O'na ağır da gelmez. O, çok yüce, çok büyüktür.

Okunuşu:

Bismillâhirrahmânirrahîm.

La yestevi eshabunnari ve eshabul cenneh. Eshabul cenneti hümül faizun. (20) Lev enzelna hazal Kur'ane ala cebelillera eytehu haşian mutasaddian min haşyetillah. Ve tilkel emsalu nadribu halinnasi leallehum yetefekkerun. (21) Hüvellâhüllezî lâ ilâhe illâ hû. Âlimül gaybi veşşehâdeh. Hüverrahmânürrâhîm. (22) Hüvellâhüllezîlâ ilahe illâ hû. Elmelikül kuddûsüs selâmül mü'minül müheyminül azîzül cebbârül mütekebbir. Sübhânellâhi amma yüşrikûn. (23) Hüvellâhül halıkul bâriül musavvirü lehül esmâül hüsnâ yüsebbihu lehü mâ fissemâvâti vel'ard. Ve Hüvel'âzîzül hakîm. (24)

HAŞR SÛRESİ (20-24)

بِسْمِ اللّٰهِ الرَّحْمٰنِ الرَّحٖيمِ

لَا يَسْتَوٖٓى اَصْحَابُ النَّارِ وَاَصْحَابُ الْجَنَّةِۜ اَصْحَابُ
الْجَنَّةِ هُمُ الْفَٓائِزُونَ ﴿٢٠﴾ لَوْ اَنْزَلْنَا هٰذَا الْقُرْاٰنَ عَلٰى
جَبَلٍ لَرَاَيْتَهُ خَاشِعًا مُتَصَدِّعًا مِنْ خَشْيَةِ اللّٰهِۜ وَتِلْكَ
الْاَمْثَالُ نَضْرِبُهَا لِلنَّاسِ لَعَلَّهُمْ يَتَفَكَّرُونَ ﴿٢١﴾ هُوَ
اللّٰهُ الَّذٖى لَٓا اِلٰهَ اِلَّا هُوَۚ عَالِمُ الْغَيْبِ وَالشَّهَادَةِۚ هُوَ
الرَّحْمٰنُ الرَّحٖيمُ ﴿٢٢﴾ هُوَ اللّٰهُ الَّذٖى لَٓا اِلٰهَ اِلَّا هُوَۚ
اَلْمَلِكُ الْقُدُّوسُ السَّلَامُ الْمُؤْمِنُ الْمُهَيْمِنُ الْعَزٖيزُ
الْجَبَّارُ الْمُتَكَبِّرُۜ سُبْحَانَ اللّٰهِ عَمَّا يُشْرِكُونَ ﴿٢٣﴾ هُوَ اللّٰهُ
الْخَالِقُ الْبَارِئُ الْمُصَوِّرُ لَهُ الْاَسْمَٓاءُ الْحُسْنٰىۜ يُسَبِّحُ
لَهُ مَا فِى السَّمٰوَاتِ وَالْاَرْضِۚ وَهُوَ الْعَزٖيزُ الْحَكٖيمُ ﴿٢٤﴾

Meali: 20- Cehennem ehli ile cennet ehli eşit olmaz. Murada erenler, hep cennetliklerdir.

21- Biz, bu Kur'an'ı bir dağın üzerine indirseydik, elbette sen onu, Allah korkusundan başını eğmiş, çatlamış görürdün. O misaller yok mu, işte biz onları belki düşünürler diye insanlar için veriyoruz.

22- O, öyle Allah'tır ki, O'ndan başka ilah yoktur. Gizli olanı da bilir, aşikar olanı da. O, çok esirgeyendir, çok merhametlidir.

23- O, öyle Allah'tır ki, O'ndan başka tapılacak yoktur. Öyle melik ki, mukaddestir, selâmete erdirendir, güven verendir, görüp gözetendir, onurludur, dilediğini ister istemez zorla yaptırandır, her hususta büyüklüğünü gösterendir. Allah, onların ortak koştuklarından münezzehtir.

24- O, yaratan, var eden, varlıklara şekil veren Allah'tır. En güzel isimler O'nundur. Göklerde ve yerde bulunan her şey O'nu tesbih eder. O, çok güçlüdür, hikmet sahibidir.

SECDE AYETLERİ

اِنَّ الَّذٖينَ عِنْدَ رَبِّكَ لَا يَسْتَكْبِرُونَ عَنْ عِبَادَتِهٖ وَيُسَبِّحُونَهُ وَلَهُ
يَسْجُدُونَ ﴿٢٠٦﴾

1- İnnellezîne inde rabbike lâ yestekbirûne an ibadetihî ve yusebbihûnehu ve lehu yescudûn
(Araf Sûresi, 206. Âyet)

وَلِلّٰهِ يَسْجُدُ مَنْ فِي السَّمٰوَاتِ وَالْاَرْضِ طَوْعًا وَكَرْهًا وَظِلَالُهُمْ
بِالْغُدُوِّ وَالْاٰصَالِ ﴿١٥﴾

2- Ve lillâhi yescudu men fis semâvâti vel ardı tav'an ve kerhen ve zilâluhum bil guduvvi vel âsâl
(Ra'd Sûresi, 15. Âyet)

وَلِلّٰهِ يَسْجُدُ مَا فِي السَّمٰوَاتِ وَمَا فِي الْاَرْضِ مِنْ دَٓابَّةٍ وَالْمَلٰٓئِكَةُ
وَهُمْ لَا يَسْتَكْبِرُونَ ﴿٤٩﴾

3- Ve lillâhi yescudu mâ fis semâvâti ve mâ fil ardı min dâbbetin vel melâiketu ve hum lâ yestekbirûn
(Nahl Sûresi, 49. Âyet)

قُلْ اٰمِنُوا بِهٖٓ اَوْ لَا تُؤْمِنُواۜ اِنَّ الَّذٖينَ اُو۫تُوا الْعِلْمَ مِنْ قَبْلِهٖٓ اِذَا يُتْلٰى
عَلَيْهِمْ يَخِرُّونَ لِلْاَذْقَانِ سُجَّدًاۙ ﴿١٠٧﴾

4- Kul âminû bihî ev lâ tu'minû, innellezîne ûtul ilme min kablihî izâ yutlâ aleyhim yahırrûne lil ezkâni succedâ
(İsra Sûresi, 107. Âyet)

اُولٰٓئِكَ الَّذِينَ اَنْعَمَ اللّٰهُ عَلَيْهِمْ مِنَ النَّبِيِّنَ مِنْ ذُرِّيَّةِ اٰدَمَ وَمِمَّنْ
حَمَلْنَا مَعَ نُوحٍ وَمِنْ ذُرِّيَّةِ اِبْرٰهِيمَ وَاِسْرَٓائِلَ وَمِمَّنْ هَدَيْنَا
وَاجْتَبَيْنَاۜ اِذَا تُتْلٰى عَلَيْهِمْ اٰيَاتُ الرَّحْمٰنِ خَرُّوا سُجَّدًا وَبُكِيًّا ﴿٥٨﴾

5- Ulâikellezîne en'amallâhu aleyhim minen nebiyyîne min zurriyyeti âdeme ve mimmen hamelnâ mea nûhin ve min zurriyyeti ibrâhîme ve isrâîle ve mimmen hedeynâ vectebeynâ, izâ tutlâ aleyhim âyâtur rahmâni harrû succeden ve bukiyyâ (Meryem Sûresi, 58. Âyet)

اَلَمْ تَرَ اَنَّ اللّٰهَ يَسْجُدُ لَهُ مَنْ فِي السَّمٰوَاتِ وَمَنْ فِي الْاَرْضِ وَالشَّمْسُ
وَالْقَمَرُ وَالنُّجُومُ وَالْجِبَالُ وَالشَّجَرُ وَالدَّوَٓابُّ وَكَث۪يرٌ مِنَ النَّاسِۜ وَكَث۪يرٌ
حَقَّ عَلَيْهِ الْعَذَابُۜ وَمَنْ يُهِنِ اللّٰهُ فَمَا لَهُ مِنْ مُكْرِمٍۜ اِنَّ اللّٰهَ يَفْعَلُ مَا يَشَٓاءُ ﴿١٨﴾

6- E lem tera ennallâhe yescudu lehu men fis semâvâti ve men fîl ardı veş şemsu vel kameru ven nucûmu vel cibâlu veş şeceru ved devabbu ve kesîrun minen nâs (nâsi), ve kesîrun hakka aleyhil azâb (azâbu), ve men yuhinillâhu fe mâ lehu min mukrim (mukrimin), innallâhe yef'alu mâ yeşâ' (yeşâu). (Hac Sûresi, 18. Âyet)

وَاِذَا ق۪يلَ لَهُمُ اسْجُدُوا لِلرَّحْمٰنِ قَالُوا وَمَا الرَّحْمٰنُ اَنَسْجُدُ لِمَا
تَاْمُرُنَا وَزَادَهُمْ نُفُورًا ﴿٦٠﴾

7- Ve izâ kîle lehumuscudû lir rahmâni kâlû ve mer rahmânu e nescudu li mâ te'murunâ ve zâdehum nufûrâ (nufûren) (Furkan Sûresi, 60. Âyet)

اَلَّا يَسْجُدُوا لِلّٰهِ الَّذ۪ي يُخْرِجُ الْخَبْءَ فِي السَّمٰوَاتِ وَالْاَرْضِ وَيَعْلَمُ
مَا تُخْفُونَ وَمَا تُعْلِنُونَ ﴿٢٥﴾

8- Ellâ yescudû lillâhillezî yuhriculhab'e fîs semâvâti vel ardı ve ya'lemu mâ tuhfûne ve mâ tu'linûn (tu'linûne). (Neml Sûresi, 25. Âyet)

اِنَّمَا يُؤْمِنُ بِاٰيَاتِنَا الَّذِينَ اِذَا ذُكِّرُوا بِهَا خَرُّوا سُجَّدًا وَ سَبَّحُوا

بِحَمْدِ رَبِّهِمْ وَهُمْ لَا يَسْتَكْبِرُونَ ﴿١٥﴾

9- İnnemâ yu'minu bi âyâtinellezîne izâ zukkirû bihâ harrû succeden ve sebbehû bi hamdi rabbihim ve hum lâ yestekbirûn (yestekbirûne). (Secde Sûresi, 15. Âyet)

قَالَ لَقَدْ ظَلَمَكَ بِسُؤَالِ نَعْجَتِكَ اِلٰى نِعَاجِهِ وَاِنَّ كَثِيرًا مِنَ الْخُلَطَاءِ

لَيَبْغِى بَعْضُهُمْ عَلٰى بَعْضٍ اِلَّا الَّذِينَ اٰمَنُوا وَعَمِلُوا الصَّالِحَاتِ وَقَلِيلٌ

مَا هُمْ وَظَنَّ دَاوُدُ اَنَّمَا فَتَنَّاهُ فَاسْتَغْفَرَ رَبَّهُ وَخَرَّ رَاكِعًا وَاَنَابَ ﴿٢٤﴾

10- Kâle lekad zalemeke bi suâli na'cetike ilâ niâcih (niâcihî), ve inne kesîren minel huletâi le yebgî ba'duhum alâ ba'dın illellezîne âmenû ve amilûs sâlihâti ve kalîlun mâ hum, ve zanne dâvûdu ennemâ fetennâhu festagfere rabbehu ve harre râkian ve enâb (enâbe) (Sad Sûresi, 24. Âyet)

وَمِنْ اٰيَاتِهِ الَّيْلُ وَالنَّهَارُ وَالشَّمْسُ وَالْقَمَرُ لَا تَسْجُدُوا لِلشَّمْسِ

وَلَا لِلْقَمَرِ وَاسْجُدُوا لِلّٰهِ الَّذِى خَلَقَهُنَّ اِنْ كُنْتُمْ اِيَّاهُ تَعْبُدُونَ ﴿٣٧﴾

11- Ve min âyâtihil leylu ven nehâru veş şemsu vel kamer (kameru), lâ tescudû liş şemsi ve lâ lil kameri vescudû lillâhillezî halakahunne in kuntum iyyâhu ta'budûn (ta'budûne) (Fussilet Sûresi, 37. Âyet)

فَاسْجُدُوا لِلّٰهِ وَاعْبُدُوا ﴿٦٢﴾

12- Fescudû lillâhi va'budû (Necm Sûresi, 62. Âyet)

وَاِذَا قُرِئَ عَلَيْهِمُ الْقُرْاٰنُ لَا يَسْجُدُونَ ﴿٢١﴾

13- Ve izâ kurıe aleyhimul kur'ânu lâ yescudûn(yescudûne). (İnşikak Sûresi, 21. Âyet)

كَلَّا لَا تُطِعْهُ وَاسْجُدْ وَاقْتَرِبْ ﴿١٩﴾

14- Kellâ, lâ tutı'hu vescud vakterib. (A'lak Sûresi, 19. Âyet)

İSTİHARE DUASI

اَللّٰهُمَّ اِنِّى اَسْتَخِيرُكَ بِعِلْمِكَ وَ اَسْتَقْدِرُكَ بِقُدْرَتِكَ وَ اَسْأَلُكَ
مِنْ فَضْلِكَ الْعَظِيمِ فَإِنَّكَ تَقْدِرُ وَلَا اَقْدِرُ وَ تَعْلَمُ وَلَا أَعْلَمُ وَ أَنْتَ
عَلَّامُ الْغُيُوبِ * اَللّٰهُمَّ إِنْ كُنْتَ تَعْلَمُ أَنَّ هٰذَا الْأَمْرَ خَيْرٌ لِى فِى دِينِى
وَمَعَاشِى وَعَاقِبَةِ اَمْرِى (اَوْ قَالَ) عَاجِلِ أَمْرِى وَ اٰجِلِهِ فَاقْدُرْهُ لِى
وَيَسِّرْهُ لِى ثُمَّ بَارِكْ لِى فِيهِ وَإِنْ كُنْتَ تَعْلَمُ اَنَّ هٰذَا الْأَمْرَ شَرٌّ
لِى فِى دِينِى وَمَعَاشِى وَعَاقِبَةِ اَمْرِى عَاجِلِ اَمْرِى وَ اٰجِلِهِ فَاصْرِفْهُ
عَنِّى وَ اصْرِفْنِى عَنْهُ وَ اقْدُرْ لِىَ الْخَيْرَ حَيْثُ كَانَ ثُمَّ رَضِّنِى بِهِ

Okunuşu:

Allahümme innî estehîrüke bi ilmike ve estakdirüke bi kudretike ve es'elüke min fadlike'l-azîm. Fe inneke takdîrü ve lâ akdirü ve ta'lemü velâ a'lemu ve ente allâmül ğuyûb. Allâhümme in künte ta'lemü enne hâze'l-emre hayrun lî fî dînî ve me'âşî ve âkibeti emrî (ev gâle) âcili emrî ve âcilihî fakdürhü lî ve yessirhü lî sümme bârik lî fîhi ve in künte ta'lemü enne hâze'l-emre şerrun lî fî dînî ve me'âşî ve âkibeti emrî âcili emrî ve âcilihi fasrifhü annî vasrifnî anhü ve kaddir liye'l hayra haysu kâne sümme raddinî bih.

Anlamı:

Allah'ım! Bildiğin için hakkımda hayırlı olanı bana bildirmeni, gücün yettiği için bana güç vermeni, beni hayra ulaştırmanı senin fazl u kereminden talep ediyorum; çünkü senin kudretin her şeyeyeter, benimki ise yetmez. Sen her şeyi bilirsin, ben ise bilmem. Sen gaybları bilensin. Allah'ım! Eğer bu iş, dinim, hayatım, işimin sonu, dünyam ve ahiretim hakkında hayırlı olacaksa, ki sen her şeyi bildiğin gibi bunu da bilirsin– bunu bana nasip et, kolaylaştır, mübarek ve bereketli kıl. Yok eğer bu iş, dinim, hayatım, işimin sonu, dünyam ve ahiretim hakkında şer ise onu benden uzaklaştır; hakkımda hayırlısını takdir et ve benim gönlümü ona razı et.

Yapılış Şekli:

Farz namazından sonra iki rekât namaz kılınır. Namaz bittikten sonra istihare duası okunur. Abdestli olarak kıbleye karşı yatılır. Rüyada; beyaz veya yeşil görürse hayır, siyah veya kırmızı ise işin iyi gitmeyeceğine işarettir.

SALAT-I MÜNCİYE DUASI / SALATEN TÜNCINA

اَللّٰهُمَّ صَلِّ عَلٰى سَيِّدِنَا مُحَمَّدٍ وَعَلٰى اٰلِ مُحَمَّدٍ صَلَاةً
تُنْجِينَا بِهَا مِنْ جَمِيعِ الْاَهْوَالِ وَالْاٰفَاتِ وَتَقْضِى لَنَا
بِهَا جَمِيعَ الْحَاجَاتِ وَتُطَهِّرُنَا بِهَا مِنْ جَمِيعِ السَّيِّئَاتِ
وَتَرْفَعُنَا بِهَا اَعْلَى الدَّرَجَاتِ وَتُبَلِّغُنَا بِهَا اَقْصَى
الْغَايَاتِ مِنْ جَمِيعِ الْخَيْرَاتِ فِى الْحَيَاةِ وَبَعْدَ الْمَمَاتِ
* اٰمِينْ يَا مُجِيبَ الدَّعَوَاتِ وَالْحَمْدُ لِلّٰهِ رَبِّ الْعَالَمِينَ.

Okunuşu:

Allahümme salli alâ seyyidinâ Muhammedin ve ala ali Muhammed, salâten tüncîna bihâ min cemîil ehvâli ve'l âfât ve takdî lenâ bihâ cemîal hâcât ve tütahhirunâ bihâ min cemîisseyyiâti ve terfeunâ bihâ a'le'd-derecati ve tubelliğuna biha aksa'l gâyâti min cemîil hayrâti fil hayâti ve ba'del memât. Âmin yâ mücîbeddaavât ve'l hamdü lillahi rabbi'l âlemîn.

Anlamı:

Allah'ım! Efendimiz Muhammed'e rahmet et. Hem öyle bir rahmet ki o rahmetinle bizibütün korku ve belâlardan kurtar. Bütün ihtiyaçlarımızı ve eksiklerimizi o rahmetinin hürmetine yerine getir. Bütün günahlarımızı ve hatalarımızı o engin rahmetinle temizle. O rahmetin hürmetine bizi en yüce derecelere çıkar. O rahmetin hürmetine hayatta iken de öldükten sonra da hayırların en yücesine ulaştır. Amin, ey duâlara icâbet eden rabbim! Bütün hamdler âlemlerin rabbi Allah içindir

Açıklaması:

Tehlikeli ve sıkıntılı zamanlarda bu mübarek salavat-ı şerifeyi okuyan kimse hem dünya hem de ahiretin sıkıntılarından kurtulur. Bütün kaza ve musibetlere karşı salavat-ı şerifeyi okumaya devam eden; düşmanların, hasetçilerin şerlerinden ve vesveselerinden korunur.

4444 DUA / SALAT-I TEFRİCİYE

اَللّٰهُمَّ صَلِّ صَلَاةً كَامِلَةً وَسَلِّمْ سَلَامًا تَامًّا عَلٰى
سَيِّدِنَا مُحَمَّدٍ الَّذٖى تَنْحَلُّ بِهِ الْعُقَدُ وَتَنْفَرِجُ
بِهِ الْكُرَبُ وَتُقْضٰى بِهِ الْحَوَائِجُ وَتُنَالُ بِهِ
الرَّغَائِبُ وَحُسْنُ الْخَوَاتِمِ وَيُسْتَسْقَى
الْغَمَامُ بِوَجْهِهِ الْكَرِيمِ وَعَلٰى اٰلِهٖ وَصَحْبِهٖ
فٖى كُلِّ لَمْحَةٍ وَنَفَسٍ بِعَدَدِ كُلِّ مَعْلُومٍ لَكَ

Okunuşu:

"Allahümme salli salâten kâmileten ve sellim selâmen tâmmen âlâ seyyidina muhammedinillezi tenhallû bihil ükadü ve tenfericü bihilkürebü ve tukda bihilhavaicü ve tünalü bihir rağaibü ve hüsnülhavatimi ve yüsteskal gamamu bivechihilkerim ve alâ âlihi ve sahbihi fikülli lemhatin ve nefesin biadedi külli ma'lûmin leke."

Anlamı:

"Allah'ım, onunla müşküler halledilen, sıkıntılar def edilen, hacetler bitirilen, istekler yerine getirilen güzel ve hayırlı sonuçlar Hazret-i muhammed'e olunan kâmil salâtlar ve tam selâmlar olsun. Uğurlu çehresi hürmetine her tarafa bereket yağan Resûlü Ekrem Efendimize, al ve ashabına her lâhzada ve nefes alışında, sence malûm olanların sayısınca salât ve selâm olsun."

Fazileti:

Salât-ı tefriciye ve salât-ı nâriye diye anılan bu duânın büyük fazileti vardır. Tesiri mücerriptir. Sıkıntılı günlerde, çok önemli işlerin gerçekleşmesi ve gelecek musibetlerden korunmak için 4444 defa okunması tavsiye edilen bu dûa, kalplerden gam ve kasaveti defeder.

7 ÂYETLER

1- TEVBE SÛRESİ, 51. ÂYET:

قُلْ لَنْ يُصِيبَنَا اِلَّا مَا كَتَبَ اللّٰهُ لَنَاۚ هُوَ مَوْلٰينَاۚ وَعَلَى اللّٰهِ فَلْيَتَوَكَّلِ الْمُؤْمِنُونَ ﴿٥١﴾

Okunuşu: Kul len yüsıybena illa ma ketebellahü lena hüve mevlana ve alellahi fel yetevekkelil mü'minun.

Meali: De ki: "Bize hiçbir zaman, Allah'ın bizim için yazdığından başka bir şey isabet etmez. O, bizim sahibimizdir." Dolayısıyla mü'minler, yalnız Allah'a tevekkül etsinler.

2- ANKEBÛT SÛRESİ, 60. ÂYET:

وَكَاَيِّنْ مِنْ دَٓابَّةٍ لَا تَحْمِلُ رِزْقَهَاۗ اَللّٰهُ يَرْزُقُهَا وَاِيَّاكُمْۘ وَهُوَ السَّمٖيعُ الْعَلٖيمُ ﴿٦٠﴾

Okunuşu: Ve ke eyyin min dabbetin la tahmilü rizkahellahü yerzükuha ve iyyaküm ve hüves semi'ul alim.

Meali: Nice hayvanlar var ki rızıklarını taşıyamazlar. Allah onlara da rızık veriyor, size de. O, her şeyi işitendir, her şeyi bilendir.

3- TEVBE SÛRESİ, 129. ÂYET:

فَاِنْ تَوَلَّوْا فَقُلْ حَسْبِيَ اللّٰهُۘ لَٓا اِلٰهَ اِلَّا هُوَۜ عَلَيْهِ تَوَكَّلْتُ وَهُوَ رَبُّ الْعَرْشِ الْعَظٖيمِ ﴿١٢٩﴾

Okunuşu: Fein tevellev fekul hasbiyallahü la ilahe illa hu , aleyhi tevekkeltu ve Huve Rabbül arşil Aziym.

Meali: Eğer aldırmazlarsa de ki: "Allah bana yeter, O'ndan başka ilah yoktur. Ben, O'na dayanmaktayım ve O, büyük Arş'ın sahibidir!"

4- YÛNUS SÛRESİ, 107. ÂYET:

وَاِنْ يَمْسَسْكَ اللّٰهُ بِضُرٍّ فَلَا كَاشِفَ لَهُٓ اِلَّا هُوَۚ وَاِنْ يُرِدْكَ بِخَيْرٍ فَلَا

رَٓادَّ لِفَضْلِهٖۜ يُصِيبُ بِهٖ مَنْ يَشَٓاءُ مِنْ عِبَادِهٖۜ وَهُوَ الْغَفُورُ الرَّحِيمُ ﴿١٠٧﴾

Okunuşu: Ve in yemseskellahü bi durrin fe la kaşife lehu illa hu *Ve in yüridke bi hayrin fe la radde li fadlihi yüsiybü bihi men yeşaü min ıbadihi ve hüvel ğafurur rahiym.

Meali: Eğer Allah sana bir keder dokunduracak olursa, onu O'ndan başka kaldıracak yoktur. Eğer O sana bir iyilik dilemiş ise, o zaman da O'nun lütfunu reddedecek yoktur. Onu dilediği kullarına nasip eder. O, çok affedicidir, çok merhametlidir.

5- HÛD SÛRESİ, 56. ÂYET:

اِنّ۪ي تَوَكَّلْتُ عَلَى اللّٰهِ رَبّ۪ي وَرَبِّكُمْۜ مَا مِنْ دَٓابَّةٍ اِلَّا هُوَ اٰخِذٌ بِنَاصِيَتِهَاۜ

اِنَّ رَبّ۪ي عَلٰى صِرَاطٍ مُسْتَق۪يمٍ ﴿٥٦﴾

Okunuşu: İnni tevekkeltü alellahi rabbi ve rabbiküm *Ma min dabbetin illa hüve ahızün bi nasıyetiha *İnne rabbi ala sıratın mustekıym.

Meali: "Şüphesiz ki ben, hem benim Rabbim, hem de sizin Rabbiniz olan Allah'a dayanmışım. Hiçbir yerde gezinen canlı yoktur ki, O perçeminden tutmuş olmasın. Şüphesiz ki Rabbim, doğru yol üzerindedir."

6- FATİR SÛRESİ, 2. ÂYET:

مَا يَفْتَحِ اللّٰهُ لِلنَّاسِ مِنْ رَحْمَةٍ فَلَا مُمْسِكَ لَهَاۚ وَمَا يُمْسِكْۙ فَلَا

مُرْسِلَ لَهُ مِنْ بَعْدِهٖۜ وَهُوَ الْعَز۪يزُ الْحَك۪يمُ ﴿٢﴾

Okunuşu: Ma yeftehıllahü lin nasi min rahmetin fe la mümsike leha ve ma yümsik fe la mürsile lehu min ba'dihi ve hüvel azizül hakiym.

Meali: Allah insanlara rahmetinden her neyi açmışsa, artık onu tutacak, kısacak yoktur. Her neyi de tutup kısarsa, artık onu da onun ardından salacak yoktur. O, çok güçlüdür, hikmet sahibidir.

7- ZÜMER SÛRESİ, 38. ÂYET:

وَلَئِنْ سَاَلْتَهُمْ مَنْ خَلَقَ السَّمٰوَاتِ وَالْاَرْضَ لَيَقُولُنَّ اللّٰهُ قُلْ
اَفَرَاَيْتُمْ مَا تَدْعُونَ مِنْ دُونِ اللّٰهِ اِنْ اَرَادَنِيَ اللّٰهُ بِضُرٍّ هَلْ
هُنَّ كَاشِفَاتُ ضُرِّه۪ٓ اَوْ اَرَادَن۪ي بِرَحْمَةٍ هَلْ هُنَّ مُمْسِكَاتُ
رَحْمَتِه۪ قُلْ حَسْبِيَ اللّٰهُ عَلَيْهِ يَتَوَكَّلُ الْمُتَوَكِّلُونَ ﴿٣٨﴾

Okunuşu: Ve lein seeltehüm men halekas semavati vel erda le yekulünnellah * Kul efe raeytüm ma ted'une min dunillahi in eradeniyellahü bi durrin hel hünne kaşifatü durrıhi ev eradeni bi rahmetin hel hünne mümsikatü rahmetihi kul hasbiyellahü aleyhi yetevekkelül mütevekkilun.

Meali: Andolsun ki, onlara; "Gökleri ve yeri kim yarattı?" diye sorsan, elbette "Allah" diyeceklerdir. De ki: "O halde gördünüz ya, Allah'tan başka çağırdıklarınızı! Eğer Allah bana bir keder dilerse, onlar O'nun verdiği sıkıntıyı kaldırabilirler mi? Ya da, bana bir rahmet dilerse, onlar O'nun rahmetini tutabilirler mi?" De ki: "Bana Allah yeter! Tevekkül edenler hep O'na dayanırlar."

HACET DUASI

بِسْمِ اللّٰهِ الرَّحْمٰنِ الرَّح۪يمِ وَلَا حَوْلَ وَلَا قُوَّةَ اِلَّا بِاللّٰهِ الْعَلِيِّ
الْعَظ۪يمِ * اَللّٰهُمَّ اِنّ۪ي اَسْأَلُكَ يَا قَد۪يمُ يَا دَائِمُ يَا فَرْدُ يَا وِتْرُ يَا اَحَدُ
يَا صَمَدُ يَا حَيُّ يَا قَيُّومُ يَا ذَا الْجَلَالِ وَالْاِكْرَامِ فَاِنْ تَوَلَّوْا فَقُلْ
حَسْبِيَ اللّٰهُ لَا اِلٰهَ اِلَّا هُوَ عَلَيْهِ تَوَكَّلْتُ وَهُوَ رَبُّ الْعَرْشِ الْعَظ۪يمِ

Hacet Duasının Okunuşu:

Bismillâhirrahmânirrahîm.

"Velâ havle velâ kuvvete illâ billâhi'l-Aliyyi'l-Azîm. Allâhümme innî es'elüke yâ Kadîmü, yâ Dâîmü, Yâ Ferdü, yâ Vitru, yâ Ahadu, yâ Samedü, yâ Hayyü, yâ Kayyûmü, yâ Ze'l-Celâli ve'l-İkrâm. Fe in tevellev fe kul hasbiyallâhü lâ ilâhe illâhû aleyhi tevekkeltü ve Hüve Rabbü'l-Arşi'l-Azîm."

Bir haceti ya da dileği olan kimse, sabah namazını kıldıktan sonra Kıble'ye karşı oturup bu duayı 100 kere okursa Allah'ın izniyle dileği gerçekleşir.

ZİLZÂL SÛRESİ

بِسْمِ اللّٰهِ الرَّحْمٰنِ الرَّح۪يمِ

اِذَا زُلْزِلَتِ الْاَرْضُ زِلْزَالَهَاۙ ﴿١﴾ وَاَخْرَجَتِ الْاَرْضُ اَثْقَالَهَاۙ ﴿٢﴾
وَقَالَ الْاِنْسَانُ مَا لَهَاۚ ﴿٣﴾ يَوْمَئِذٍ تُحَدِّثُ اَخْبَارَهَاۙ ﴿٤﴾ بِاَنَّ رَبَّكَ
اَوْحٰى لَهَاۜ ﴿٥﴾ يَوْمَئِذٍ يَصْدُرُ النَّاسُ اَشْتَاتًا لِيُرَوْا اَعْمَالَهُمْۜ ﴿٦﴾ فَمَنْ
يَعْمَلْ مِثْقَالَ ذَرَّةٍ خَيْرًا يَرَهُۜ ﴿٧﴾ وَمَنْ يَعْمَلْ مِثْقَالَ ذَرَّةٍ شَرًّا يَرَهُ ﴿٨﴾

Okunuşu: Bismillâhirrahmânirrahîm
İza zülziletil'ardu zilzâlehâ (1) Ve ahreceti'ardu eskalehâ (2) Ve kâlel'insânü mâleha (3) Yevmeizin tü-haddisu ahbêrêhâ (4) Bienne rabbeke evhâ leha (5) Yevmeizin yasdürünnâsü eştâten liyürev a'mâlehüm (6) Femen ya'mel miskâle zerretin hayren yerehu (7) Ve men ya'mel miskâle zerretin şerren yerehu (8)

Meali: Rahmân ve Rahîm olan Allah'ın adıyla,
1- Yer, o sarsıntı ile sarsıldığı zaman, 2- Yer, ağırlıklarını çıkardığı zaman, 3- Ve insan, "Buna ne oluyor?"dediği zaman, 4- İşte o gün, bütün haberlerini (üzerinde yapılanları) anlatır. 5- Çünkü Rabbin O'na vahyetmiştir. 6- O gün insanlar, yaptıklarının kendilerine gösterilmesi için grup, grup, muhtelif bir halde fırlayacaklardır. 7- Her kim, zerre kadar bir hayır işlerse onu görecek. 8- Her kim, zerre miktarı kötülük işlerse onu da görecek.

ZİLZÂL DUASI

اَللّٰهُمَّ احْفَظْنِى مِنْ بَيْنِ يَدَىَّ وَمِنْ خَلْفِى وَعَنْ يَمِينِى وَعَنْ
شِمَالِى وَمِنْ فَوْقِى وَاَعُوذُ بِعَظَمَتِكَ اَنْ اُغْتَالَ مِنْ تَحْتِى

Okunuşu:
Allahümme ehfezenî min beyne yedeyye ve min halfî ve an yemînî ve an şimalî ve min fevkî ve eu'zu bi azametike en uğtale min tehtî

Açıklaması:
"Allah'ım, önümden, arkamdan, sağımdan, solumdan ve üstümden (gelebilecek tehlikelerden) altımdan gelebilecek (zelzele gibi) felâketlerden de azametine sığınırım."

ŞEYTANIN HİLESİNDEN VE DÜNYA BELASINDAN KORUNMAK İÇİN OKUNACAK DUA

لَا حَوْلَ وَلَاقُوَّةَ اِلَّا بِاللّٰهِ الْعَلِيِّ الْعَظِيمِ

"La Havle Vela Kuvvete İlla Billahil Aliyyil Azim"

Peygamber Efendimiz, **"Bu duayı çok okuyunuz. Zira bu dua cennet hazinelerindendir."** buyurmuştur. Yine Peygamber Efendimiz **"Bu dua doksan dokuz derde devâdır. Bu dertlerin en hafifi hüzün ve kederdir."** buyurmuştur.

SIKINTI VE DARLIKTAN KURTULMAK İÇİN OKUNACAK DUA

Peygamber Efendimiz Hz. Ali'ye şöyle buyurmuştur:

"Ya Ali! Ne zaman bir darlığa düşersen:

لَا حَوْلَ وَلَاقُوَّةَ اِلَّا بِاللّٰهِ الْعَلِيِّ الْعَظِيمِ

"La Havle Vela Kuvvete İlla Billahil Aliyyil Azim"

diye dua et. Cenab-ı Hak, seni her bela ve sıkıntıdan kurtarır," demiştir.

FAKİRLİK ÇEKMEMEK İÇİN OKUNACAK DUA

Peygamber Efendimiz şöyle buyurmuştur:

"Kim hergün, 100 (yüz) defa:

لَا حَوْلَ وَلَاقُوَّةَ اِلَّا بِاللّٰهِ الْعَلِيِّ الْعَظِيمِ

"La Havle Vela Kuvvete İlla Billahil Aliyyil Azim"

duasını okursa o kimseye ebedi olarak fakirlik isabet etmez." (Fakirlik yüzü görmez, rızkı bol olur) buyurmuştur.

PEYGAMBER EFENDİMİZİ RÜYASINDA GÖRMEK İSTEYENİN OKUYACAĞI DUA

لَا حَوْلَ وَلَا قُوَّةَ اِلَّا بِاللّٰهِ الْعَلِيِّ الْعَظِيمِ

"La Havle Vela Kuvvete İlla Billahil Aliyyil Azim"

Bir kimse Cuma gecesi, Peygamber Efendimizi görmek niyeti ile abdestli olarak 33 kere yukarıdaki duayı okuyup yatarsa, o gece rüyasında Peygamber Efendimizi görür.

İYİ RÜYA GÖRMEK İÇİN OKUNACAK DUA

اَللّٰهُمَّ اِنّ۪ي اَسْءَالُكَ رُؤْيَا صَالِحَةً صَادِقَةً غَيْرَ كَاذِبَةٍ نَافِعَةً

غَيْرَ ضَارَّةٍ

"Allâhümme innî es'elüke rü'yan sâlihaten, sâdikaten ğayre kâzibetin, nâfiaten ğayre darretin."

"Allah'ım, Senden iyi,doğru olup yalan çıkmayan,faydalı olup zararı bulunmayan bir rüya göstermeni istiyorum."

KORKULU RÜYA GÖRENİN OKUYACAĞI DUA

Peygamber Efendimiz buyurmuştur ki:

"Sizden biriniz hoşuna gitmeyen bir rüya görürse, üç defa sol tarafına tükürsün ve üç defa "Eûzü billahi mineş şeytânir raciym" diyerek taşlanmış şeytanın şerrinden Allah'a sığınsın. Ve yattığı taraftan öte tarafa dönsün."

اَللّٰهُمَّ اِنّ۪ي اَعُوذُ بِكَ مِنْ عَمَلِ الشَّيْطَانِ وَسَيِّئَاتِ الْاَحْلَامِ

"Allâhümme innî eûzü bike min amelişşeytâni ve seyyiâtil ahlâm."

"Allah'ım! Şeytanın amelinden ve sevilmeyen rüyadan sana sığınırım."

HER HASTALIĞA OKUNAN DUA

اَعُوذُ بِعِزَّةِ اللّٰهِ وَقُدْرَتِهِ مِنْ شَرِّ مَا اَجِدُ وَاُحَاذِرُ

"Eûzü bi-izzetillahi ve kudretihi min şerri mâ ecidu ve uhâziru."

"Bedenimde çekmekte olduğum şu hastalığın şerrinden Allah'ın izzet ve kudretine sığınıyorum".

BORÇLU OLAN KİMSENİN OKUYACAĞI DUA

رَبَّنَا افْتَحْ بَيْنَنَا وَبَيْنَ قَوْمِنَا بِالْحَقِّ وَاَنْتَ خَيْرُ الْفَاتِحِينَ

"Rabbeneftah beynena ve beyne kavminâ bilhakkı ve ente hayrulfâtihiyn."

Borcu olan kimse sabah namazından sonra üçyüz kere bu ayeti dua olarak okumalıdır.

Ve her yüzüncüden sonra:

اَللّٰهُمَّ يَا مُفَتِّحَ الْاَبْوَابِ اِفْتَحْ لَنَا خَيْرَ الْبَابِ

Allahümme yâ müfettihal ebvâb, iftahlenâ hayrel-bâb.

Diyerek bu dua ek olarak okunmalıdır.

Toplamda ayet üçyüz kere ve bu dua da üç kere okunmuş olur. Allah'ın izni ile borçlu olan kimse borçlarından kurtulmuş olur.

FAKİRLİKTEN KURTARAN DUA

Hz. Ali (r.a)'den, Resulullah (s.a.v) şöyle buyurmuştur:

لَا اِلٰهَ اِلَّا اللّٰهُ الْمَلِكُ الْحَقُّ الْمُبِينُ

"Bir kimse günde yüz defa "Lâ ilâhe illallâhül melikül Hakkul Mübiyn" derse, bu onun için fakirlikten eman ve kabir yalnızlığından kendisine yoldaş olur ve bununla zenginliği celb etmiş (kendine çekmiş) ve Cennetinde kapısını çalmış olur."

KULAK ÇINLADIĞINDA OKUNACAK DUA

Bir kimsenin kulağı çınladığı zaman, önce Peygamber Efendimize salâvat getirmeli; sonra da şu duâyı okumalıdır:

ذَكَرَ اللّٰهُ مَنْ ذَكَرَنِى بِخَيْرٍ

"Zekerallâhü men zekeranî bi'hayrin"

- Allah, beni hayırla ananı, hayırla ansın.

Resûlullah aleyhisselâm Efendimizden gelen rivâyet budur.

KARINCA DUASI

اَللّٰهُمَّ يَا رَبَّ جَبْرَائِيلَ وَمِيكَائِيلَ وَإِسْرَافِيلَ وَعَزْرَائِيلَ
وَاِبْرَاهِيمَ وَاِسْمَاعِيلَ وَاِسْحَاقَ وَيَعْقُوبَ وَمُنْزِلَ الْبَرَكَاتِ
وَالتَّوْرَاةِ وَالزَّبُورِ وَالْاِنْجِيلِ وَالْفُرْقَانِ وَلَا حَوْلَ وَلَا قُوَّةَ
اِلَّا بِاللّٰهِ الْعَلِيِّ الْعَظِيمِ * لَا اِلٰهَ اِلَّا اللّٰهُ الْمَلِكُ الْحَقُّ الْمُبِينُ *
مُحَمَّدٌ رَسُولُ اللّٰهِ صَادِقُ الْوَعْدِ الْاَمِينِ * يَا رَبِّ يَا رَبِّ يَا حَيُّ
يَا قَيُّومُ يَا ذَا الْجَلَالِ وَالْاِكْرَامِ * اَسْأَلُكَ يَا رَبَّ الْعَرْشِ الْعَظِيمِ
اَنْ يَرْزُقَنِى رِزْقًا حَلَالًا طَيِّبًا بِرَحْمَتِكَ يَا اَرْحَمَ الرَّاحِمِينَ.

Okunuşu:

Allâhüme yâ rabbi cebrâiyle ve mîkâiyle ve isrâfiyle ve azrâiyle ve ibrâhîme ve ismâıyle ve ishâka ve ya'kûbe ve münzilel berekâti vet tevrâti vez zebûri vel incîli velfürkâni ve lâ havle ve lâ kuvvete illâ billâhil aliyil azıym lâ ilâhe illallâhül melikül hakkul mübîn muhammedün resûlüllâhi sâdikul va'dil emîn. Yâ rabbi yâ rabbi yâ hayyü yâ kayyûmü yâ zel celâli vel ikrâm. Es'elüke yâ rabbel arşil azıymi en yerzükanî rizkan halâlen tayyiben birahmetike yâ erhamer râhımiyn.

SİVİLCE İÇİN OKUNACAK DUA

Âişe validemizin eli üzerinde bir sivilce çıkmıştı. Bundan rahatsızlık duyan validemiz ne yapacağını düşünürken Resûl-i Ekrem Efendimiz girdiler. Sivilceyi görünce şöyle buyurdular:

– Yâ Âişe, hanut (otu) var mıdır?

– Vardır, yâ Resûlâllah!

– Öyle ise getir bakayım.

Validemiz, istediğini getirip Efendimize verdi. Otun bir parçasını sivilcenin üzerine koyan Efendimiz, yaranın ilaçlanmasını maddî şekilde yaparken de:

اَللّٰهُمَّ مُصَغِّرَ الْكَبِيرِ وَمُكَبِّرَ الصَّغِيرِ صَغِّرْ مَابِى

– **"Allâhümme musağğıral'kebîri ve mükebbiras'sağir. Sağğir mâ bî."** duâsını oku yâ Âişe, buyurdu. Âişe validemiz de Cenâb-ı Hakk'a şöyle yalvarmıştır:

– Ey küçüğü büyüten, büyüğü de küçülten Allahım! Bendeki bu rahatsızlığı da küçült, yok et!

MÜBAREK ÜÇ AYLAR DUALARI

Receb Ayına girince, bu dua okunur:

اَللّٰهُمَّ بَارِكْ لَنَا فِى رَجَبَ وَشَعْبَانَ وَبَلِّغْنَا رَمَضَانَ وَاخْتِمْ لَنَا بِالْاِيمَانِ وَيَسِّرْ لَنَا بِالْقُرْاٰنِ

Okunuşu: "Allahümme bariklena fi Recebe ve Şaban ve belliğna Ramazan ve ahtimlena bi'l-iman ve yessirlena bil Kur'an."

Anlamı: Allah'ım! Receb ve Şaban ayını bize mübarek kıl ve bizi Ramazan'a ulaştır. İmanla hitama er dir ve Kur'an'la bize kolaylaştır.

RECEB-İ ŞERİF DUALARI:

10 gün; Sübhanalahi'l-Hayyi'l-Kayyum, **10 gün;** Sübhanallahi'l-Ehadi's-Samed, **10 gün;** Sübhanallahi'l-Gafuri'r-Rahim.

ŞABAN-I ŞERİF DUALARI:

10 gün; ya Latif celle Şanühü, **10 gün;** ya Rezzak celle Şanühü, **10 gün;** ya Aziz celle Şanühü

RAMAZAN-I ŞERİF DUALARI:

10 gün; ya Er-hame'r-Rahimin, **10 gün;** ya Gaffare'z-Zünub, **10 gün;** ya Atika'r-Ribab.

YEMEK DUASI

اَلْحَمْدُ لِلّٰهِ الَّذٖى اَطْعَمَنَا وَ سَقَانَا وَ جَعَلَنَا مِنَ الْمُسْلِمٖينَ ۞
اَطْعَمَنَا اللّٰهُ مِنْ طَعَامِ الْجَنَّةِ وَ سَقَانَا اللّٰهُ مِنْ شَرَابِ الْكَوْثَرِ ۞
بِحُرْمَةِ الْاَنْبِيَاءِ وَ الْمُرْسَلٖينَ ۞ وَ الْحَمْدُ لِلّٰهِ رَبِّ الْعَالَمٖينَ

Okunuşu: **"Elhamdü lillâhillezi etamenâ ve sekanâ ve caelenâ minel müslimin et'amene-Allâhü min taâm-il cenneti ve sekanâ Allâhü min şarâb-il kevseri bi-hûril'ayni. Bihürmetil enbiyâi velmürselîne vel-hamdü lillâhi Rabbil âlemîn."**

Anlamı: "Bizleri yediren, içiren ve İslâmiyetle müşerref kılan Allâhü Teâlâ'ya şükürler olsun. Cümle Peygamberlerin hakkı için bizleri Cennet tâamından yedir, Kevser şarâbından içir. Âlemlerin Rabbi olan Allâhü Teâlâ'ya hamd olsun."

İFTAR DUASI

اَللّٰهُمَّ لَكَ صُمْتُ وَ بِكَ اٰمَنْتُ وَ عَلَيْكَ تَوَكَّلْتُ وَ عَلٰى رِزْقِكَ اَفْطَرْتُ
وَ صَوْمَ الْغَدِ مِنْ شَهْرِ رَمَضَانَ نَوَيْتُ فَاغْفِرْ لٖى مَا قَدَّمْتُ وَ مَا اَخَّرْتُ

Okunuşu:
"Allahümme leke sumtü ve bike âmentü ve aleyke tevekkeltü ve alâ rızkike eftartu ve savmel-ğadi min şehri Ramazana neveytü, fağfir lî mâ kaddemtü ve mâ ahhartu."

Meali:
"Allah'ım, Senin için oruç tuttum ve Sana inandım, Sana güvendim ve verdiğin rızıkla iftar etim. Ramazanın yarınki günün orucunu tutmaya niyyet ettim. Geçmişte ve gelecekte istemeyerek işlediğim günahlarımı afveyle."

TÜM DUALARI KAPSAYAN DUA

اَللّٰهُمَّ اِنِّى اَسْأَلُكَ مِنْ خَيْرِ مَا سَأَلَكَ مِنْهُ نَبِيُّكَ مُحَمَّدٌ وَ نَعُوذُ بِكَ مِنْ شَرِّ مَا اسْتَعَاذَكَ مِنْهُ نَبِيُّكَ مُحَمَّدٌ صَلَّى اللّٰهُ عَلَيْهِ وَ سَلَّمَ وَ اَنْتَ الْمُسْتَعَانُ وَ عَلَيْكَ الْبَلَاغُ وَلَا حَوْلَ وَلَا قُوَّةَ اِلاَّ بِاللّٰهِ الْعَلِيِّ الْعَظِيمِ

Okunuşu:
"Allâhüme innî es'elüke min hayri mâ seeleke minhü nebiyyüke muhammedün ve neûzü bike min şerri mesteâzeke minhü nebiyyüke muhammedün sallellâhü aleyhi ve selleme ve entel müsteânü ve aleykel belâğu ve lâ havle ve lâ kuvvete illâ bilâhil aliyyil azıym."

Anlamı:
"Allah'ım muhakkak ben Peygamberin Muhammed aleyhisselam'ın, Zat-ı Ecelli Âla'ndan istediği hayırlı şeylerin en hayırlısını isterim. Senin Peygamberin Muhammed (s.a.v.)'in Senden istiaze ettiği şeylerin şerrinden de Sana sığınırım Allah'ım. Yardım ancak Zat-ı Ecelli Âla'ndan beklenir. Dünyada da ahirette de istenilen şeye ulaştıracak ancak Sensin. Kuvvet ve kudret ancak Senin yardımınla gerçekleşir Allah'ım!"

İMAN TAZELEME DUASI

"Allahümme innî ürîdü en üceddidel imâne tecdîden bi kavli lâ ilâhe illallâh Muhammedur-resûlullah."

NİKAH TAZELEME DUASI

"Allahümme innî ürîdü en üceddidel imâne vennikâhe tecdîden bi kavli lâ liahe illâllah, Muhammedur Resûlulâh."

(Bu cümle de üç kere tekrarlanır, üçüncüde).

"Lâilâhe illallâhül melikul hakkul mubîn. Muhammedur-Resûlullahi sâdikul va'dül emîn, lâ havle velâ kuvvete illâ billâhil aliyyil azîm." cümlesi ilave olunur.

NAZAR İÇİN OKUNACAK DUALAR

Rashulüllah *(Sallallahu Aleyhi ve Sellem)* Efendimiz şöyle buyurmuştur: **Bir kimse göz değmesinden (nazardan) korktuğu vakit şu duayı okuduğu takdirde Cenâb-ı Hakk'ın kudreti ile ona bir şey zarar vermez:**

مَا شَاءَ اللّٰهُ لَا حَوْلَ وَلَا قُوَّةَ اِلَّا بِاللّٰهِ الْعَلِيِّ الْعَظِيمِ

Mâşâallâhü lâ havle ve lâ kuvvete illâ billâhil-aliyyil azîym.

Nazar değmemesi için veya nazar değene şu âyeti kerime okunmalıdır:

بِسْمِ اللّٰهِ الرَّحْمٰنِ الرَّحِيمِ

وَاِنْ يَكَادُ الَّذِينَ كَفَرُوا لَيُزْلِقُونَكَ بِاَبْصَارِهِمْ لَمَّا سَمِعُوا الذِّكْرَ وَيَقُولُونَ اِنَّهُ لَمَجْنُونٌ * وَمَا هُوَ اِلَّا ذِكْرٌ لِلْعَالَمِينَ *

Bismillâhirrahmânirrahîm.
Ve in yekâdüllezîne keferû leyüzlikûneke biebsârihim lemmâ semiûz-zikre ve yekûlûne innehu lemecnûnün ve mâ hüve illâ zikrün lil-âlemîn. (Kalem Sûresi 51.-52.)

بِسْمِ اللّٰهِ اَللّٰهُمَّ اَذْهِبْ حَرَّهَا وَبَرْدَهَا وَوَصَبَهَا (ثُمَّ يَقُولُ) قُمْ بِاِذْنِ اللّٰهِ

Bismillâhi, Allâhümme ezhib harrehâ ve berdehâ ve vasayehâ
(sümme yekûlü) kum biiznil-lâhi Teâlâ.

Hoşa giden bir şey görüldüğü zaman şöyle demelidir:

مَا شَاءَ اللّٰهُ بَارَكَ اللّٰهُ

Mâşâallâh bârekellâh.

Nazar değmesinden hasta olan kimseye bu duayı yedi kere okunmalıdır:

بِسْمِ اللّٰهِ اَرْقِيكَ مِنْ كُلِّ شَيْءٍ يُؤْذِيكَ وَمِنْ كُلِّ عَيْنٍ وَحَاسِدٍ اَللّٰهُ يَشْفِيكَ

Bismillâhi erkıyke min külli şey'in yü'zike ve min külli aynin ve hâsidin Allâhü yeşfike.

ESMÂ-ÜL HÜSNÂ

Rasûlullah (s.a.v) buyurdu: ***"Allahü Teâlâ'ya mahsus olarak doksan dokuz isim vardır. Her kim bu doksan dokuz ismi ihya ederse (ezberler ve sayarsa) cennere girer."*** (Tirmizî, Buhari; 8/191)

اَلْمَلِكُ	اَلرَّحِيمُ	اَلرَّحْمٰنُ	هُوَاللّٰهُ الَّذٖى لَا اِلٰهَ اِلَّا هُوَ	
el-Melik	er-Rahîm	er-Rahmân	Hüvallahüllezi lâ ilâhe illâhu	
اَلْعَزِيزُ	اَلْمُهَيْمِنُ	اَلْمُؤْمِنُ	اَلسَّلَامُ	اَلْقُدُّوسُ
el-Azîz	el-Müheymin	el-Mü'min	es-Selâm	el-Kuddûs
اَلْمُصَوِّرُ	اَلْبَارِئُ	اَلْخَالِقُ	اَلْمُتَكَبِّرُ	اَلْجَبَّارُ
el-Musavvir	el-Bâri'	el-Hâlik	el-Mutekebbir	el-Cebbâr
اَلْفَتَّاحُ	اَلرَّزَّاقُ	اَلْوَهَّابُ	اَلْقَهَّارُ	اَلْغَفَّارُ
el-Fettâh	er-Rezzâk	el-Vahhâb	el-Kahhâr	el-Ğaffâr
اَلرَّافِعُ	اَلْخَافِضُ	اَلْبَاسِطُ	اَلْقَابِضُ	اَلْعَلِيمُ
er-Râfi'	el-Hafid	el-Basît	el-Kâbid	el-Alîm
اَلْحَكَمُ	اَلْبَصِيرُ	اَلسَّمِيعُ	اَلْمُذِلُّ	اَلْمُعِزُّ
el-Hakem	el-Basîr	es-Semi'	el-Muzill	el-Mu'iz
اَلْعَظِيمُ	اَلْحَلِيمُ	اَلْخَبِيرُ	اَللَّطِيفُ	اَلْعَدْلُ
el-Azîm	el-Halîm	el-Habîr	el-Lâtif	el-Adl
اَلْحَفِيظُ	اَلْكَبِيرُ	اَلْعَلِىُّ	اَلشَّكُورُ	اَلْغَفُورُ
el-Hafîz	el-Kebîr	el-Aliyy	eş-Şekur	el-Ğafur
اَلرَّقِيبُ	اَلْكَرِيمُ	اَلْجَلِيلُ	اَلْحَسِيبُ	اَلْمُقِيتُ
er-Rakıb	el-Kerîm	el-Celîl	el-Hasîb	el-Mukît

المجيد el-Mecîd	الودود el-Vedûd	الحكيم el-Hekîm	الواسع el-Vasî	المجيب el-Mucî b
القوى el-Kaviyy	الوكيل el-Vekîl	الحق el-Hakk	الشهيد eş-Şehid	الباعث el-Ba'is
المبدئ el-Mubdiu	المحصى el-Muhsi	الحميد el-Hamid	الولى el-Veliyy	المتين el-Metîn
القيوم el-Kayyum	الحى el-Hayy	المميت el-Mumît	المحيى el-Muhyî	المعيد el-Mu'id
القادر el-Kadir	الصمد es-Samed	الواحد el-Vahid	الماجد el-Mâcid	الواجد el-Vacid
الآخر el-Ahir	الاول el-Evvel	المؤخر el-Muahhir	المقدم el-Mukaddim	المقتدر el-Muktedir
البر el-Berr	المتعال el-Muteali	الوالى el-Valî	الباطن el-Batın	الظاهر ez-Zahir
مالك الملك Malik'ül-Mülk	الرؤوف er-Rauf	العفو el-Afuvv	المنتقم el-Muntekım	التواب et-Tevvab
المغنى el-Muğni	الغنى el-Ganiyy	الجامع el-Cami	المقسط el-Muksit	ذو الجلال والإكرام Zülcelali vel ikram
الهادى el-Hadi	النور en-Nur	النافع en-Nafiu'	الضار ed-Darr	المانع el-Mani
الصبور es-Sabur	الرشيد er-Reşid	الوارث el-Varis	الباقى el-Bakî	البديع el-Bedi'

32 FARZ

İmanın Şartları: 6

1- Allah'ın birliğine inanmak.
2- Allah'ın meleklerine inanmak.
3- Allah'ın kitaplarına inanmak.
4- Allah'ın Peygamberlerine inanmak.
5- Öldükten sonra dirilmeye inanmak.
6- Kadere; hayır ve şerrin Allah'tan olduğuna inanmak.

İslamın Şartları: 5

7- Namaz kılmak.
8- Oruç tutmak.
9- Zekât vermek.
10- Hacca (Kabe'ye) gitmek.
11- Kelime-i Şehâdet getirmek.

Abdestin Farzı: 4

12- Yüzünü, alnının kıl hizasından çene altına kadar yıkamak.
13- Kollarını dirsekleriyle birlikte yıkamak.
14- Başının dörtte birini meshetmek.
15- Ayaklarını topuklarına kadar yıkamak.

Gusülün Farzı: 3

16- Ağzı üç defa bol su ile yıkamak.
17- Burnunu üç defa bol su ile yıkamak.
18- Bütün bedeni kuru yer kalmadan yıkamak.

Teyemmümün Farzı: 2

19- Önce teyemmüme niyet etmek.
20- İki elini pâk toprağa vurup yüzüne sürmek, ellerini bir daha vurup kollarına sürmek.

Namazın Farzı: 12

Dışındakiler:

21- Hadesten taharet (abdest almak, gusül etmek, yani bütün bedeni yıkamak).
22- Necasetten taharet (beden ve namaz kılacağı yerin temiz olması).
23- Setr-i avret (avret yerini örtmek).
24- İstikbâl-i kıble (kıbleye dönmek).
25- Vakit (vakitleri bilmek).
26- Kılacağı namaza niyet etmek.

İçindekiler:

27- İftitah tekbiri (namaza başlarken "Allahu Ekber" demek).
28- Ayakta durmak (kıyam).
29- Kur'an-ı Kerîm okumak (kıraat).
30- Rükû etmek (elleri dizlere koyarak eğilmek).
31- Secde etmek.
32- Son tahiyyâta oturmak (ka'de-i âhire).

54 FARZ

1- Allah'a ortak koşmamak... münafıklıktan, insanı küfre sürükleyen sözlerden sakınmak.
2- Tam bir îmân sahibi olmak ve Cenâb-ı Hakk'ı anmak.
3- Temiz giyinmek ve her tarafını pâk tutmak.
4- Boy abdesti almak, rahatsız olduğu veya su bulamadığı takdirde teyemmüm etmek.
5- Yiyeceği ve içeceği şeylerin haram olmamasına dikkat etmek.
6- Abdest almak.
7- Beş vakit namaz kılmak, aile efradına namaz kılmalarını tavsiye etmek.
8- Cenâb-ı Hakk'ın rahmetinden ümidi kesmemek.

9- Falcı ve kâhinlerin, gayptan haber verenlerin sözlerine inanmamak.

10- Fesat karıştırmamak, hiç bir şeyi uğursuz saymamak.

11- Kötü ahlâklı, âsi kimselerle arkadaş olmamak, hakaret edilecek şeye hürmet etmemek.

12- Âhirete inanmak ve dünyada iyi ve faydalı işler yapıp, durmadan çalışmak.

13- Harpte düşmandan kaçmamak, vatan uğrunda seve seve çarpışmak.

14- Adam öldürmemek.

15- Ana ve babaya karşı gelmemek, onlara ve akrabaya yardım etmek, akrabaların ziyaretlerine gitmek.

16- Faizle tefecilik yapmamak.

17- Kimseye iftira atmamak.

18- Yetime iyi muamele etmek ve malını yememek. Mirasta tam hakkını vermek.

19- Zinâ etmemek, gayri meşru bir şekilde yabancı bir kadınla cinsî münâsebette bulunmamak.

20- Cinsî sapıklıktan ve bu gibi kötü ahlâksızlıklardan sakınmak.

21- Tam bir sadâkat ve hulûsla işlenen günâhlardan tevbe ve istiğfar etmek.

22- Ölümü hak bilmek ve Allah korkusunu daima göz önünde ve hatırda tutmak.

23- İnsanı fenalığa sevkeden şeytana ve nefse uymamak.

24- Bilgi edinmek ve her sanatta ve fende diğer milletlerden aşağı kalmamak.

25- Doğruluktan ayrılmamak.

26- Bütün varlığıyla faziletsever olmak.

27- Zekât vermek.

28- Bir kere ve bunu yapmama kudreti olduğu takdirde Hacca gitmek.

29- Kalbi kinden, hıyanetten, hasetten ve bütün günahlardan temizlemek.

30- Hayatını bile bile tehlikeye atmamak, intihara kalkışmamak.

31- Allah'a, Peygamberine ve büyüklere itaat etmek.

32- Farzları öğrenmek, öğretmek, Kur'an-ı Kerîmi okuyup, Allah'ın buyruklarını yerine getirmek.

33- Hayırlı teşebbüsleri teşvik etmek, hayır işlemek, fena ve zararlı şeylerden herkesi sakındırmak.

34- İbâdeti gösteriş için yapmamak.

35- Allah'ın verdiği nimetlere şükretmek.

36- Azamet ve gurur taslamamak, mü'min kardeşi küçümsememek.

37- Sabırlı olmak.

38- İş güç sahibi olmak, tembellik ve miskinliği bırakmak.

39- Emanete hıyanet etmemek, her işte âdil ve insaflı olmak.

40- Tartıda, ölçüde hile yapmamak.

41- Nikâhı haram olanları ve müşrik kadını nikahlamamak.

42- Domuz etini, murdar olan şeyi yememek.

43- İçki içmemek.

44- Kumar oynamamak.

45- Fitneden,riyâkârlıktan sakınmak, fena dedikodular yapmamak.

46- Komşu hakkını gözetmek.

47- Kimseye eziyet etmemek.

48- Hayız ve nifasta olan eşine yaklaşmamak.

49- Zulüm yapmamak, evcil hayvanlara iyi bakmak ve işkence yapmamak.

50- Küçük günah işlemekte ısrar etmemek.

51- Kimsenin malına tecavüz etmemek. Hırsızlık ve eşkıyalık gibi suçları işlememek.

52- Verilen sözü tutmak, ahdi bozmamak.

53- Yalan şehâdette bulunmamak.

54- Millet ve memleket menfaatlerini her şeyden üstün tutmak, yapıcı olup, yıkıcı olmamak.

İÇİNDEKİLER